166

14252

FACULTÉ DE DROIT DE BORDEAUX

ÉTUDE HISTORIQUE ET CRITIQUE

SUR

LA LÉGISLATION DES MINES

THÈSE POUR LE DOCTORAT

SOUTENUE DEVANT LA FACULTÉ DE DROIT DE BORDEAUX, LE 20 DÉCEMBRE 1895

PAR

Paul GAILLARD

AVOCAT A LA COUR D'APPEL DE BORDEAUX

BORDEAUX

IMPRIMERIE Vᵉ CADORET

17, RUE MONTMÉJAN, 17

1895

8° F
9091

FACULTÉ DE DROIT DE BORDEAUX

ÉTUDE HISTORIQUE ET CRITIQUE

SUR

LA LÉGISLATION DES MINES

THÈSE POUR LE DOCTORAT

SOUTENUE DEVANT LA FACULTÉ DE DROIT DE BORDEAUX, LE 20 DÉCEMBRE 1895

PAR

Paul GAILLARD

AVOCAT A LA COUR D'APPEL DE BORDEAUX

BORDEAUX

IMPRIMERIE Ve CADORET

17, RUE MONTMÉJAN, 17

1895

FACULTÉ DE DROIT DE BORDEAUX

MM. BAUDRY-LACANTINERIE, ✳, ❀ I., doyen, professeur de *Droit civil.*

SAIGNAT, ❀ I., assesseur du doyen, professeur de *Droit civil.*

BARCKHAUSEN, ✳, ❀ I., professeur de *Droit administratif.*

DE LOYNES, ❀ I., professeur de *Droit civil.*

VIGNEAUX, ❀ I., professeur d'*Histoire du droit.*

LE COQ, ✳, ❀ I., professeur de *Procédure civile.*

LEVILLAIN, ❀ I., professeur de *Droit maritime.*

MARANDOUT, ❀ I., professeur de *Droit criminel.*

DESPAGNET, ❀ I., professeur de *Droit international public,*
chargé du cours de *Droit international privé.*

MONNIER, ❀ I., professeur de *Droit romain.*

SAINT-MARC, ❀ I., professeur d'*Economie politique,* chargé
du cours de *Législation industrielle.*

DUGUIT, ❀ A., professeur de *Droit constitutionnel et administratif.*

DE BOECK, ❀ A., professeur de *Droit romain.*

DIDIER, ❀ A., professeur-adjoint, chargé des cours de *Législation financière* et de *Législation coloniale.*

MM. SIGUIER, ❀ A., *secrétaire.*

PLATON, ❀ A., ancien élève de l'Ecole des Hautes-Études,
sous-bibliothécaire.

CAZADE, *Commis au secrétariat.*

COMMISSION DE LA THÈSE

MM. VIGNEAUX, professeur, *président.*

SAIGNAT, professeur

DIDIER, professeur. *suffrajants.*

LA LÉGISLATION DES MINES

INTRODUCTION

La science du droit, aussi développée soit-elle, ne saurait se suffire à elle-même; elle a besoin d'auxiliaires, et dans cette catégorie, l'histoire prend place à côté de la philosophie et de l'économie politique. Appliquée aux principes juridiques, la méthode historique n'a pas simplement pour but de satisfaire une légitime curiosité, elle présente encore de très réels avantages : elle facilite l'interprétation des textes et prépare la voie aux améliorations qui doivent y être apportées. A ce point de vue, notre législation minière devait être l'objet d'une étude spéciale; car, aussi bien ses origines anciennes que l'importance économique de l'industrie qu'elle réglemente, lui assignent un rang à part dans nos institutions. Nous nous contenterons donc d'examiner la législation des mines au point de vue historique, en faisant la critique des dispositions principales qui la composent.

La législation minière, autant que les autres branches de notre droit public, s'est transformée avec l'état social; mais si on la considère dans son ensemble, on y découvre les traces d'un principe qui a inspiré les dispositions successives qui s'y rattachent. Nous voulons parler du principe de la propriété des mines. « Le droit des propriétaires du sol, dit Domat, a été borné dans son origine à l'usage de leurs héritages pour y semer, planter ou bâtir, ou pour d'autres semblables usages, et leurs titres n'ont pas supposé un droit sur les mines qui étaient inconnues » (1). Dès que les substances minérales ou fossiles, enfouies dans le sol, eurent été découvertes, il fallut décider à qui elles appartiendraient, c'est-à-dire poser les bases de la propriété du tréfonds. Cette propriété une fois constituée se trouvait gênée par le voisinage d'autres fonds, et sa situation au sein de la terre en rendait l'exploitation plus difficile; il a fallu l'intervention législative pour remédier à ces causes d'infériorité. Puis le développement de cette industrie croissant chaque jour, les conditions techniques de sa mise en œuvre, l'administration des exploitations, le régime proprement dit des ouvriers qui y travaillaient, furent autant de questions qui vinrent se grouper peu à peu autour de cette question principale. L'avenir en augmentera probablement le nombre; car si le rôle commercial des mines devient chaque jour plus considérable et les besoins auxquels elles ré-

____

(1) *Droit public*, t. I, ch. 2, liv. 2.

pondent plus variés, leur nombre et leur débit diminuent aussi dans le vieux continent (1) : de là, la nécessité plus ou moins prochaine de nouvelles réformes destinées à réglementer plus étroitement encore cette partie de notre droit.

L'importance du principe de la propriété, dans une étude sur la législation minière, apparaît d'autant mieux, si l'on se rend compte des controverses dont sa détermination a fait l'objet parmi les jurisconsultes et les économistes. Ces controverses se résument en quatre systèmes : 1° le propriétaire du fonds propriétaire du tréfonds, ou système de l'accession ; 2° l'inventeur propriétaire, ou système de l'occupation ; 3° l'Etat propriétaire du tréfonds à titre de représentant de tout le monde et par application particulière de l'art. 713 C. civ. : c'est là le système de la domanialité ; 4° enfin le système dit du droit régalien, dans lequel l'Etat, abdiquant toute prétention à la propriété, réclame seulement, en sa qualité de tuteur de la fortune publique et en vertu de son droit de souveraineté, le droit d'attribuer l'exploitation des substances souterraines sous les conditions déterminées par la loi, et de percevoir un impôt. Les mines sont alors traitées comme *res nullius,* jusqu'au moment où, concédées par l'Etat soit au propriétaire, soit à tout autre, elles deviendront une propriété immobilière, distincte de celle du sol (2). Sans

---

(1) Beck, *Geschichte des Eisens*, p. 4.

(2) « Droit régalien, dit M. Héron de Villefosse, signifie le droit que se réserve l'Etat entier, représenté par le souverain, de disposer de la propriété souterraine comme d'une propriété publique indépendante de la

examiner par le détail les arguments proposés en faveur de chacune de ces opinions et les critiques qui leur sont adressées, cet exposé montre déjà que ce principe essentiel de la propriété pourra être formulé d'une manière toute différente, suivant les latitudes et les époques, et entraîner ainsi des modifications dans les actes législatifs accessoires qui viennent s'y rattacher.

La division historique de notre droit en droit ancien, droit intermédiaire et droit nouveau, n'a pas seulement le mérite d'être simple et facile à retenir ; elle a encore celui d'être très générale et de correspondre bien exactement à la transformation de notre civilisation et au progrès de nos idées. Elle formera la base de la division de cette étude. Dans la première période, qui part des origines pour aller jusqu'à la loi des 12-28 juillet 1791, nous assisterons à la formation de notre législation, à ses tâtonnements, à sa marche progressive. L'époque comprise entre la loi de 1791 et la loi du 21 avril 1810, nous présentera la lutte circonscrite entre les idées qui avaient inspiré les dispositions législatives de l'ancienne monarchie et les principes destinés à régir la société nouvelle. Enfin avec la loi du 21 avril 1810, la législation sur les mines est réorganisée comme toute autre et, depuis lors, les lois ou règlements qui se sont succédé n'ont eu pour but que de perfectionner, en le mettant en rapport avec les nécessités de l'industrie à laquelle il correspond, un acte qui en est resté jusqu'à ce jour le véritable code.

---

propriété privée du terrain qui la recèle, et d'en disposer pour le plus grand avantage de la société ». (*Richesse minérale*, t. I, p. 6.)

LIVRE PREMIER

DROIT ANCIEN — DES ORIGINES A 1791

Cette première période, qui comprend l'étude de la
législation minière à l'époque que l'on est convenu
d'appeler l'ancien régime, se divisera elle-même en
deux parties consacrées, la première à l'examen des
monuments juridiques antérieurs, y compris l'ordonnance de Montil-lez-Tours en 1471 ; la seconde à l'analyse des ordonnances et décrets rendus depuis cette
date jusqu'à la loi des 12-28 juillet 1791. Le choix de
cette date 1471, comme point de division dans l'étude
de notre ancien droit minier, se justifie par deux raisons : elle correspond d'abord à une phase remarquable
de notre histoire nationale, celle où par sa lutte sans
relâche contre le pouvoir féodal et par sa politique as-
tucieuse, Louis XI fait faire un pas décisif à l'unité
française ; en second lieu, l'ordonnance qui fut rendue
en septembre de cette même année, est, à proprement
parler, le plus ancien texte réglant le droit de concession et un des plus importants (1).

---

(1) Il importe de remarquer avant tout, qu'on ne peut établir aucune
division bien tranchée dans l'étude des textes, dont l'ensemble constitue
la législation minière de l'ancienne monarchie. Toujours lente et progressive, parfois même interrompue, l'action du pouvoir public n'a guère
procédé que par soubresauts.

PREMIÈRE PARTIE

Des origines à l'ordonnance de 1471.

En dehors de la législation romaine qui forme, ainsi que nous le démontrerons, le point de départ des dispositions qui ont été rendues dans la suite sur notre matière, nous verrons que dans cette première phase de son développement, la législation des mines a subi diverses vicissitudes. Le droit, en effet, qui tout d'abord avait appartenu aux rois francs, passa ensuite aux mains des seigneurs à l'époque de la féodalité, jusqu'au moment où, ressaisi définitivement par l'autorité royale, il devint la source des ordonnances dont nous parlions tout à l'heure.

CHAPITRE I

LÉGISLATION ROMAINE

Un savant historien appelle le droit romain « le plus ancien élément net et saisissable, parmi ceux qui ont contribué à la formation de notre droit national » (1). Il convient de rechercher brièvement dans quelle mesure cette législation ancienne a concouru à l'établissement des principes originaires ; car, ainsi que nous le

---

(1) Viollet, *Précis de l'histoire du droit français,* 2e éd., p. 9.

verrons dans la suite, son influence fut longtemps prépondérante.

I. Sous la République, la propriété des mines était presque tout entière concentrée entre les mains des particuliers (1). Il y avait cependant quelques mines publiques, notamment dans la Gaule transpadane, ainsi que l'atteste Strabon (2). Les propriétaires de ces mines tenaient leurs droits de l'Etat lui-même qui, au moment des conquêtes, les leur avait distribuées ; les unes, celles qui faisaient originairement partie de l'*ager romanus* ou qui étaient situées soit en Italie, soit dans une province à laquelle le *Jus Italicum* avait été concédé, n'étaient frappées d'aucun impôt, sauf cependant l'impôt foncier qui greva les fonds italiques jusqu'après la conquête de la Macédoine ; les autres, celles qui ne rentraient pas dans la catégorie que nous venons d'indiquer, celles qui étaient soumises à ce *dominium* que l'Etat conservait sur la majeure partie du sol provincial (3), étaient assujetties au paiement d'impôts dont nous ignorons la quotité (4). Les mines, dont l'Etat avait la propriété proprement dite, étaient ordinairement affermées pour son compte ; une certaine catégo-

---

(1) Marquardt, *De l'organisation financière chez les Romains*, trad. Vigié, p. 318 et suiv. et Bouché-Leclercq, *Manuel des Institutions romaines*, p. 232 et 233.

(2) *Géog.*, liv. IV ; Dureau de la Malle, *Economie politique des Romains*, t. II, p. 440.

(3) Ch. Giraud, *Rech. sur le droit de propriété chez les Romains*, p. 185 et suiv.

(4) V. cependant Caton, Liv. 34, 21. — Dietrich, *Beitrage zur Kenntniss der Röm. Staatspächtersystems*, p. 30.

rie de condamnés était employée à leur exploitation ; on les appelait *damnati in metalla* ou *servi penæ* (1).

Le régime légal des mines, pendant cette première partie de l'histoire romaine, se distingue par deux traits caractéristiques : 1° Le propriétaire de la surface est en principe propriétaire des mines situées dans son fonds (2) ; 2° il jouit dans leur exploitation de la liberté la plus absolue, l'Etat n'intervenant, s'il y a lieu, que pour le recouvrement de l'impôt.

II. On est loin d'être d'accord sur la nature et l'importance des modifications qui furent apportées par les empereurs aux principes que nous venons d'examiner (3), et cependant ce point est d'une importance capitale pour le but que nous nous proposons d'atteindre. S'il est vrai, en effet, comme nous tenterons plus tard de le démontrer, que le système primitivement adopté en France a été celui du droit régalien, sous l'influence dominante de la législation romaine, encore faut-il que nous puissions trouver des traces de ce droit régalien dans cette même législation, telle qu'elle se présente à nous dans son dernier état. Certains auteurs attribuent aux empereurs, à dater de la fondation de l'empire et pendant toute sa durée, un droit éminent de propriété sur toutes les mines (4). Ceux qui soutiennent ce système, quoique l'appuyant de l'autorité de

----

(1) Accarias, *Précis de droit romain*, 4e éd., t. I, n. 38 et la note.

(2) Dig., 1.9, § 2, 1.13 § 5. VII, 1. — L. 3, § 6, 1. 4, 1. 5, princ. XXVII, 9.

(3) Marquardt, *loc. cit.*, p. 326 et Hirschfeld, *Untersuch aus dem Gebiete der röm. verwaltungsgeschichte*, p. 72 et suiv.

(4) Dugas, Thèse de Doctorat, Paris, 1878.

certains textes, reconnaissent eux-mêmes « qu'il ne peut s'expliquer qu'historiquement ». Or, en nous plaçant à ce point de vue, il nous suffira, pour l'écarter, de remarquer qu'à cette même époque il est constant qu'il existait encore des mines privées (1); que certaines mines appartenaient spécialement en toute propriété aux empereurs, et qu'alors leurs revenus étaient versés en totalité dans le trésor impérial (2); et enfin, qu'aucun texte ne signale un changement si important. Merlin (3), au contraire de l'opinion précédente, soutient que les empereurs ne furent jamais propriétaires de mines; mais cette opinion est trop évidemment contraire aux données que nous fournit l'histoire pour être réfutée ici. Quelques auteurs pensent enfin qu'après Justinien, le système inauguré par les empereurs fut abandonné pour revenir purement et simplement au régime primitif, qui laissait au propriétaire la libre disposition des mines comprises dans son terrain; ils s'appuient sur une constitution de l'empereur Léon VI rapportée aux Basiliques (4), mais ce texte, tel qu'il se présente à nous, ne nous semble pas contenir le principe d'une véritable révolution dans la législation alors en pratique. Outre que l'on ne doit point présumer que les empereurs byzantins renoncèrent ainsi à une ressource fiscale, on peut conjecturer que ce texte a simplement permis aux particuliers d'être propriétaires

---

(1) Dig., 1. 13, § 5, *de usufructu et quemad.* — L. 7, § 4, *de solut. matr.*
(2) Tite-live, XLV, 18. Pline, 1. XXXIII, ch. IV.
(3) Questions de droit, v° *Mines*, § 4.
(4) Const. 28, t. 8, § 10.

de toute sorte de mines; nous savons, en effet, qu'il existait au temps de Paul certaines mines publiques que les particuliers ne pouvaient pas posséder (1). Ces opinions différentes ainsi écartées, voici quelle idée nous nous faisons du régime légal des mines à l'époque impériale. Il est certain tout d'abord que le nombre des mines publiques s'accrut dans des proportions considérables, et que les empereurs ne négligèrent aucune occasion de s'attribuer la propriété des *metalla,* soit par confiscation (2), soit par échange et achat ; cette considération, vraie de toutes les mines en général, trouve surtout son application aux mines de métaux précieux qui, en fin de compte, durent presque toutes devenir la propriété de l'Etat. Quant aux impôts qui avaient été, sous la République, établis sur les mines qui n'appartenaient pas à l'Etat, ils continuèrent de subsister à l'époque impériale, mais nous en ignorons encore la quotité. Nous savons cependant, par un texte célèbre et bien souvent cité, la loi 3 au Code de Justinien, liv. XI, t. VI (3), qu'en l'an 382, les empereurs Gratien, Valentinien et Théodose imposèrent à ceux qui exploitaient

---

(1) Dig., 1. 4, XXVII, 9.

(2) Tacite, *Ann.,* VI, 19.

(3) Le titre 6 du liv. XI au C. de Just. intitulé *de metallariis et metallis et procuratoribus metallorum* », renferme six autres constitutions très courtes, et se rapportant plus ou moins directement à notre matière. Deux d'entre elles, les c. 1 et 2, paraissent se référer particulièrement aux mines d'or (V. sur ce point, Table de Malaga, ch. LXIV). — Dans le code Théodosien, le titre 19 au liv. X qui a pour rubrique de « *metallis et metalariis* » est composé de quinze constitutions ; une d'entre elles, la const. 15, défend d'exploiter les carrières de marbre, sous peine de confiscation des matériaux extraits.

des carrières, dans la propriété d'autrui, l'obligation de payer une double redevance d'un dixième, l'une au propriétaire de la surface, l'autre au fisc. Autrefois, le propriétaire avait un droit presque absolu sur les matières contenues dans son fonds. Ce texte établit donc une double innovation : d'une part, le propriétaire n'a plus seul le droit d'exploitation ; de l'autre, au cas où ce droit est conféré à un étranger, il y a lieu à l'établissement d'une double taxe d'un dixième, l'une au profit du propriétaire, l'autre de l'Etat (1). C'est dans le texte

---

(1) Voici le texte de la loi 3, liv. XI, t. 6. Ce texte étant regardé par nous comme fondamental, il est important d'être fixé sur la portée qu'il convient de lui attribuer : « *Cuncti qui per privatorum loca saxorum venam laboriosis effosionibus persequuntur, decimas fisco, decimas etiam domino repræsentent; cætero modo propriis suis desideriis vindicando.* » Nous devons nous demander : 1º Si la disposition de ce texte est générale ou s'applique seulement aux carrières ; 2º si la mesure prise par les empereurs avait un caractère permanent; 3º si la redevance du 10e au profit de l'Etat était imposée même au cas où le propriétaire exploitait lui-même. Sur la première question, nous croyons avec plusieurs auteurs (Bénac, *De la propriété et de l'administration des mines chez les Romains.* Bordeaux, 1880, p. 15) que le texte ne s'applique qu'aux carrières ; c'est d'ailleurs l'opinion de Cujas (*Opera,* éd. 1722, t. II, p. 791) : « *Hæc (lex) est de lapidis sive marmoris metallo* ». Cette disposition, qui ne s'appliqua d'abord qu'aux carrières, parce que les besoins auxquels correspondaient, soit la pierre, soit le marbre, étaient plus nombreux, dut s'étendre dans la suite et sous l'influence du développement de l'industrie, à l'extraction des autres métaux. En répondant à la deuxième question, nous allons à l'encontre de l'opinion professée par certains auteurs (Merlin, *loc. cit.*, vº *Mines*, § 4), qui présentent la condition faite aux carrières comme motivée par la nécessité d'embellir Constantinople ou Antioche. Contrairement à l'avis de Merlin, nous pensons que ce ne fut pas là l'unique but de la loi 3. Les besoins auxquels correspondait l'industrie extractive dont il est question, persistèrent, en effet, et, avec eux, la

de cette constitution, « la plus importante de ce titre » (1), qu'il faut voir le principe du droit régalien qui passa plus tard dans notre ancienne France (2). A partir de ce moment, l'Etat ne se contente plus d'établir un impôt au profit du Trésor, il se reconnaît un droit supérieur, il règle lui-même les droits du propriétaire sur les matières enfouies dans son fonds. Dès cette même époque, nous entrevoyons le germe de la distinction entre la propriété de la mine et la propriété de la surface ; nous arrivons à un moment où le morcellement de la propriété souterraine, à l'instar de celui du sol n'est plus possible, et où les pouvoirs publics doivent essayer pour la première fois de concilier les droits de l'exploitant et du propriétaire superficiaire. Alors il est vrai de dire avec Domat « que les lois ont réglé l'usage des mines et, laissant au propriétaire du fonds ce qui a paru juste, elles y ont aussi réglé un droit pour le souverain » (3).

Pour ce qui est de l'administration et de l'exploitation, il faut encore distinguer ici les mines publiques et les mines privées.

Pour les mines privées, on peut conclure du silence

---

nécessité de la réglementer. Enfin les termes mêmes du texte ne permettent aucun doute sur le troisième point : « *privatorum loca* », « *domino* » ; au cas où le propriétaire exploitait lui-même, il n'était pas soumis à l'impôt du 10ᵉ envers le fisc qui est visé par notre constitution.

(1) Le Guay, *Législation des mines*, p. 10.

(2) Presque tous les commentateurs entrevoient dans les ordonnances des empereurs romains l'origine du droit régalien des mines, sauf cependant Flade, *Römisches Bergrecht*, Freyberg, 1815.

(3) *Droit public*, liv. 1, t. 2, sect. 2, p. 19.

des textes que le particulier qui voulait exploiter les substances souterraines, situées dans son fonds, n'avait aucune autorisation à demander; le droit de police de l'Etat sur l'exploitation elle-même se réduisait à peu de chose, par exemple l'obligation imposée au propriétaire de vendre de préférence le produit de ses mines au gouvernement (1).

La découverte de la Table de bronze d'Aljustrel, en 1876, est venue nous fournir sur l'organisation des mines publiques, à cette époque, de nouveaux documents (2). Il s'agit d'un fragment, malheureusement mutilé, d'une loi faite pour l'ensemble du territoire des mines de *Vipasca*, et par l'empereur directement, à la fin du Ier siècle ap. J.-C. Elle nous montre que deux modes d'exploitation sont alors en vigueur : la mise à ferme ou location, qui datait de la République, et l'exploitation directe, qui tend de plus en plus à s'y substituer. Dans les deux cas, les mines sont placées sous la direction et la surveillance d'un *procurator Cæsaris*, chevalier romain ou affranchi de l'empereur, assisté lui-même d'un nombreux personnel, *subprocurator*, *tabularius* (comptable), *arcarius* (caissier)... etc.

S'il s'agit d'exploitation directe, le *procurator* a en outre auprès de lui et sous ses ordres des ingénieurs et praticiens, chargés de diriger les travaux (3). C'est dans

---

(1) L. 1, C. Th., XI, 6.

(2) Cons. Flach, *La Table de bronze d'Aljustrel;* Giraud, *Journal des savants,* avril 1877 ; Hubner et Mommsen, *Ephemeris Epigraphica,* t. III, fasc. 3 ; Soromenho, *La Table d'Aljustrel* (Lisbonne, 1877).

(3) Parfois il était même assisté d'un *tribunus militum* ou d'un *centurion.*

l'hypothèse où les mines sont affermées, que la Table d'Aljustrel fournit des détails vraiment intéressants et complets. La location est consentie par le *procurator* en vertu d'une autorisation spéciale de l'empereur ou d'un cahier de charges approuvé par lui, et dont notre loi pourrait bien n'être qu'un exemplaire (1); le *procurator* jouait ici le rôle d'un fermier général; les redevances assimilées aux *vectigalia* étaient versées entre ses mains, et il devait en être responsable vis-à-vis du fisc. Les *conductores,* dont il est question ici, sont les fermiers de l'Etat; ils étaient ordinairement plusieurs, quoiqu'un seul *conductor,* par exemple une société de publicains, pût très bien affermer à la fois et le droit d'extraire les substances minérales et celui d'exercer les différentes industries s'y rattachant de près ou de loin. La Table d'Aljustrel montre très bien, et c'est même l'hypothèse qu'elle envisage spécialement, que l'exploitation de la mine, au lieu d'être le fait propre du fermier, pouvait également faire l'objet, de la part de ce dernier, d'une nouvelle *locatio-conductio.* Dans ce cas, le *conductor* percevait une redevance de tous ceux qui faisaient le métier de traiter le minerai, redevance proportionnelle au nombre des ouvriers employés, de même qu'il lui était dû une certaine somme pour l'occupation du terrain nécessaire au forage des puits de mines ou pour la vente de ces derniers. La *pignoris capio* et une action fictice sont les moyens mis à la disposition des *conductores* pour assurer le recouvrement de leurs créances.

---

(1) Flach, *loc. cit.,* p. 17.

Nous avons précédemment parlé des industries se rattachant à l'exploitation de la mine : c'est qu'en effet le *matallum* romain semble constituer une sorte de petit groupe distinct, pouvant se suffire à lui-même et administré par le *procurator;* nous y trouvons jusqu'à des maîtres d'école qui jouissent même de certaines immunités. Les professions de commissaire-priseur, de crieur public, de directeur de bains, de cordonnier, de coiffeur, de foulon, d'exploitant de résidus de la mine, *scaurarii,* sont l'objet d'autant de monopoles (1) qui s'afferment, se sous-louent, sous les conditions déterminées par la loi, dont l'exercice est minutieusement réglementé par elle. M. Flach (2) a vu là très ingénieusement une preuve de la sollicitude des empereurs pour les ouvriers mineurs de l'époque, les *metallarii.* La condition de ces derniers était cependant toujours misérable (3). A côté des condamnés, nous y trouvons des esclaves et des affranchis. Ces derniers, attachés à la profession de mineur comme l'esclave à la glèbe, formaient entre eux une corporation, comme les artisans des divers métiers.

---

(1) Ces monopoles apparaissent pour la première fois dans l'histoire du droit romain ; jusqu'alors on ne connaissait que des textes les prohibant sévèrement (l. 1, C., *de monopoliis,* IV, 59).

(2) Flach, *loc. cit.,* p. 14.

(3) Tacite, *Vie d'Agricola,* § 32. A en juger par le discours de Galcacus chef des Calédoniens révoltés contre Rome, le régime intérieur des mines devait être fort dur, puisque la perspective de s'y voir employés est un des motifs qui poussent les insulaires à défendre héroïquement leur liberté contre les étrangers.

CHAPITRE II

ORIGINE DE LA LÉGISLATION FRANÇAISE

A leur arrivée en Gaule, les Romains trouvèrent certainement un grand nombre de mines en exploitation (1). Les principaux métaux exploités à cette époque étaient le fer, l'étain, le cuivre, l'or, l'argent et le plomb. Trois passages de César renferment à ce sujet les renseignements les plus précieux. Dans le premier (B. G., VII, 22), relatif au siège de Bourges, il est dit que les assiégés minaient les travaux d'approche et étaient d'autant plus habiles dans ce genre de travail, qu'ils avaient dans leur pays des mines de fer considérables. Les deux autres (B. G., III, 21 ; III, 13) nous parlent de mines de cuivre, de carrières et de chaînes de fer servant à retenir les ancres. La Gaule jouissait en effet, avant la conquête, d'une grande réputation de richesse, et l'on peut voir par les documents que l'on trouve aux siècles suivants, combien cette tradition s'était perpétuée (2). Posidonius, cité par Strabon (3), qui visita la Gaule un demi-siècle environ avant la conquête, rapporte que les métaux précieux se trouvaient surtout aux mains des chefs ; on peut conjectu-

---

(1) La production et l'exploitation des mines dans l'ancienne Gaule ont été étudiées d'une façon très complète par Desjardins, *Géogr. de la Gaule Romaine*, t. I, p. 409 et s. et Daubrée, *Rev. archéologique*, 1868, 1ʳᵉ partie, p. 298. — V. aussi, Delaunay, *Minéralogie des anciens*.

(2) Pline, XXXIV, 48, § 2 et 3, nous apprend que l'étamage du cuivre par le plomb blanc, est une invention gauloise.

(3) *Géogr.*, IV, 2, 3.

rer, d'après les habitudes des Romains (1), qu'ayant vaincu les chefs, les mines qui appartenaient à ces derniers furent attribuées à l'Etat.

Il n'est pas douteux non plus que les empereurs cherchèrent dans la suite à augmenter le patrimoine du fisc de diverses manières, principalement par achat et confiscation. Mais on ne peut conjecturer de là, comme le font certains auteurs, que le prince finit par englober dans son domaine toutes les mines et carrières de l'empire. Le passage de Suétone (2) sur lequel on s'appuie d'ordinaire pour soutenir cette opinion, ne renferme point l'expression d'une règle générale : c'est une exception citée par l'historien comme un exemple de la tyrannie et de l'injustice de Tibère. Ce qui est vrai, c'est qu'en Gaule, sous la domination romaine, l'exploitation d'un grand nombre de mines fut laissée aux particuliers ou aux cités, en un mot aux propriétaires du sol ou aux fermiers qui, ayant traité avec eux, en avaient obtenu l'adjudication. Il existait même dès cette époque quelques compagnies concessionnaires; une des plus importantes est celle qui exploitait à Lyon les mines et les forges de « *Memmia Sosandris* » (3). L'exploitation des mines était certainement soumise à l'impôt dont nous avons précédemment parlé, et placée sous la surveillance de fonctionnaires de l'ordre équestre appelés « *procuratores ferrariarum* » (4).

---

(1) Montesquieu, *Grand. et déc. des Romains*, ch. VI.

(2) Tibère, 49.

(3) Scipion Maffei, *Galliæ antiquitates quædam selectæ*, épist. XIV.

(4) De Boissieu, *Inscript. antiques de Lyon*, p. 276.

Arrivons à l'invasion. « Ce n'est pas une conquête, dit M. Fustel de Coulanges, tout au plus est-ce la substitution d'une autorité à une autre; le même régime continue sous de nouveaux maîtres » (1). Quoi qu'il soit hors de doute que les Germains se soient emparés d'un grand nombre de terres, on ne peut cependant affirmer avec Montesquieu qu'ils ont pris tout ce qu'ils ont voulu. Une grande partie des terres fut au contraire laissée aux populations du pays envahi (2), et avec elles, les richesses minérales qu'elles pouvaient renfermer. Les mines continuèrent donc en général à appartenir aux propriétaires du sol; mais ici deux questions se posent : continuèrent-elles à être soumises à un impôt et leur exploitation fut-elle encore réglementée par l'autorité publique? L'existence d'un impôt sur les mines à l'époque mérovingienne peut fort bien être soutenue pour les considérations suivantes. D'une manière générale, les rois francs trouvèrent à leur arrivée en Gaule un système complet d'impôts qui y avait été mis en vigueur par les empereurs (3); il n'y a aucune bonne raison pour croire qu'ils abandonnèrent l'organisation précédemment établie; nous retrouvons en effet un certain nombre de contributions romaines qui ont continué de subsister dans l'état franc primitif, telles que douanes, péages et presta-

---

(1) *Hist. des instit. polit. de l'ancienne France. — L'invasion germanique*, p. 567.

(2) Fustel de Coulanges, *loc. cit.*, p. 537 et s.

(3) Fustel de Coulanges, *La monarchie franque*, p. 264 et s.; Lehuérou, *Hist. des inst. mérovingiennes*, p. 281 et s.

tions. D'une façon plus précise, les documents que nous possédons ne permettent aucun doute sur l'existence de l'impôt foncier, à l'origine de l'ancienne monarchie. Le rapport étroit qui avait existé à Rome entre l'impôt sur les mines et la contribution foncière, les analogies qui ont toujours subsisté dans l'organisation des deux propriétés, permettent d'affirmer que l'impôt sur les mines fut conservé par les premiers Mérovingiens et transmis par eux à leurs successeurs (1).

Cette redevance, comme autrefois, dut continuer d'être fournie en nature. Un des seuls textes que nous possédions est relatif au règne de Dagobert (2) : il y est dit que le roi donne aux moines de Saint-Denis, pour la couverture de leur église dont il était le fondateur, 8,000 livres de plomb, à prendre sur le cens en nature qu'il tirait tous les deux ans du produit de ce métal. On lit encore dans les capitulaires de Charlemagne (3), que cet empereur comptait parmi les revenus de sa couronne la recette qui provenait des mines de fer et de plomb, et qu'il s'en faisait rendre compte tous les ans. Maintenant les rois se réservèrent-ils, comme l'avaient fait les empereurs romains, un droit de contrôle sur l'exploitation des mines ? Les mêmes motifs d'où nous avons déduit le maintien de la redevance permettent encore de le penser. Cette opinion serait dans tous les cas corroborée par un témoignage

____

(1) En ce sens, de Récy, *Tr. du domaine public*, t. I, n. 47.
(2) Duchesne, *De Dagoberti vita*, I, c. XLI, p. 585.
(3) *Capitulaires*, éd. Boretius, t. I, p. 88.

de l'exercice du droit de souveraineté que nous trouvons sous les rois de la seconde race. Par lettres patentes datées du cap de Naou (1), en Provence, Charlemagne donne pour apanage à ses fils, Louis et Charles, les villes d'Ask et de Glichen, en Thuringe, avec libre faculté de chercher et d'exploiter, dans leur territoire, l'argent et les autres métaux.

Ainsi le droit de l'Etat sur les mines, tel que les Romains l'avait organisé, passa à peu de chose près dans notre ancienne monarchie; les attributions qui avaient appartenu aux empereurs furent déférées aux rois (2); nous allons voir qu'ils ne tardèrent pas à les perdre, avec beaucoup d'autres prérogatives, au profit des seigneurs devenus souverains.

CHAPITRE III

LA FÉODALITÉ

Il est un fait constant, c'est que le milieu social assure, en grande partie du moins, la prospérité des mines. L'histoire de notre législation, à l'époque que nous étudions et aussi longtemps après, en est une preuve manifeste. Alors, comme aux époques précédentes, l'industrie minérale était peu florissante; les quelques documents que l'on parvient à réunir montrent cependant qu'elle était toujours soumise à l'intervention de l'autorité publique et considérée par elle comme une source d'impôts.

---

(1) Migneron, *Annales des mines*, 3e série, III, p. 636.
(2) Vuitry, *Régime financier de la France*, 1re série, 1878, p. 304.

Par une suite d'usurpations, dont la plus notable est l'hérédité des bénéfices et des charges publiques, les droits royaux sont devenus, pour la plupart, droits féodaux, mais ils n'ont pas pour cela changé de nature. Pas plus que les rois, les seigneurs ne sont propriétaires de la totalité des mines. L'opinion contraire, soutenue par quelques auteurs et qui conduirait à penser que les seigneurs hauts-justiciers avaient fait une véritable révolution par rapport au droit en vigueur et à leur avantage personnel, doit être rejetée. Les seigneurs n'avaient fait que s'attribuer un droit qui était autrefois prérogative royale, le droit de surveiller l'exploitation de la mine et surtout de percevoir l'impôt, l'ancien droit régalien en un mot, tel qu'il avait existé sous l'ancienne monarchie. La souveraineté, qui appartenait autrefois au roi, s'est fractionnée au profit d'une classe de privilégiés dont l'autorité s'étend sur une partie plus ou moins importante du territoire, et le droit sur les mines, qui était un de ses attributs, l'a suivie entre leurs mains. C'est ainsi que le comte de Périgord peut répondre à Hugues Capet « que l'on n'ouvre pas de mines par la permission du roi sur les terres du comte » (987) (1). De même, nous voyons, à propos d'Alphonse de Poitiers, que si certaines exploitations lui appartenaient en propre, il levait un droit seigneurial sur les mines appartenant à ses vassaux (2). Et quelques siècles plus tard, la charte donnée, en 1293, par Roger Bernard, comte de Foix, va concéder

---

(1) Richard, *Législation française des mines*, t. I, p. 9.
(2) Boutaric, *Saint Louis et Alphonse de Poitiers*, p. 223 et 244.

aux habitants de la vallée de Vicdessos le droit de tirer des minerais de fer des minières de la forêt (1). Cette charte sera renouvelée plus tard par Gaston Ier, comte de Foix, qui ira jusqu'à assurer aux habitants la libre jouissance des mines dans les limites de leurs propriétés, sans droit de leude ni de subsides.

L'impôt était probablement perçu en nature et dut continuer à être du dixième des produits (2).

Ce qui vient encore à l'appui de l'opinion que nous soutenons, ce sont les termes mêmes de l'ordonnance rendue par Charles VI, en 1413. Cette ordonnance, comme nous le verrons plus tard, eut pour objet de revendiquer au profit exclusif de la couronne un droit qui était antérieurement exercé par les seigneurs. « Et il soit ainsi, y est-il dit, que plusieurs seigneurs, tant d'église comme séculiers..... s'efforcent d'avoir en icelles mines la dixième partie purifiée et autre droit comme nous à qui seul et non à autre, elle appartient de plein droit » (3). Un peu plus bas nous voyons « que les dits hauts-justiciers s'efforcent de donner grand empêchement et troubles, en maintes manières, aux maîtres qui font faire ladite œuvre.... » (4). Si les seigneurs n'ont fait qu'usurper le droit qui autrefois appartenaient aux rois, et si, d'un autre côté, ils s'efforçaient de restreindre, autant qu'il était en leur pouvoir, les

---

(1) François, *Du minerai de fer de l'Ariège*, p. 343.

(2) Cibrario, *Economie politique du moyen-âge*, trad. Barneaud, t. II, p. 180.

(3) Lamé-Fleury, *Législation minérale sous l'ancienne monarchie*, p. 3.

(4) Lamé-Fleury, *loc cit.*, p. 4 ; Isambert, *Recueil des anciennes lois françaises*, VII, 387.

droits du maître sur sa propre chose, c'est donc qu'ils n'étaient pas propriétaires de la mine. De Ferrière nous apprend également, en commentant la coutume de Paris : « qu'il n'était pas permis aux seigneurs de contraindre leurs sujets de vendre leurs héritages à l'effet de les faire fouiller » (1), ce qui prouve bien que, comme le dit le même auteur, le propriétaire doit avoir le dessus et le dessous de son sol. Certaines coutumes (2) paraissent, il est vrai, contredire cette opinion, en attribuant aux barons avec les droits d'aubaine et bâtardise, les biens vacants et *l'avoir en terre non-extrayé;* elles prennent même la peine de nous dire que par *avoir en terre non-extrayé* « sont entendues choses trouvées en terre, comme charbons, pierres et semblables » (3). Mais comme le fait remarquer Merlin (4), il faut bien voir ce qu'entendent par là les textes en question. Signifient-ils que le métal qui gît dans la terre, avant même qu'on n'ait rien entrepris pour opérer son extraction, appartient au seigneur, ou bien veulent-ils simplement dire qu'il a le droit de recherches et de fouilles? Tout porte à opter pour cette dernière opinion. En effet, outre que le droit de propriété accordé au seigneur a quelque chose d'exorbitant, nous voyons, en rapprochant de ces textes d'autres passages des mêmes coutumes, qu'il s'agit uniquement du droit, qui appartenait au su-

---

(1) *Coutume de Paris*, II, p. 1548, n. 10.

(2) Notamment la coutume de Hainaut. *Chartes nouvelles du comté de Hainaut*, ch. 130, art. 1.

(3) *Chartes nouvelles du comté de Hainaut,* ch. 130, art. 2.

(4) *Questions historiques, v° Mines*, p. 442 et suiv.

zerain, de concéder à un particulier la faculté d'exploiter les mines. Bouhier, dans ses observations sur la coutume de Bourgogne, n'est pas moins formel que les textes précédemment cités : « Les mines, dit-il en substance, ne sont pas même de la classe des épaves. La raison en est que si elles sont d'or ou d'argent, elles appartiennent au roi en payant le fonds au propriétaire ; et que pour les autres métaux, elles sont au propriétaire » (1). Eusèbe de Laurière, en commentant les *Institutes* de Loysel, soutient la même opinion ; et Loysel lui-même, dans le passage dont il est question, semble nous donner la mesure du droit du seigneur, lorsqu'il nous dit : « Nul ne peut fouiller en terre pour y tirer minières, métaux, pierre ou plâtre, sans le congé de son seigneur » (2). Enfin, Pocquet de Livonnière, dans son *Traité des Fiefs,* parlant des mines d'or et d'argent à propos de l'art. 64 de la coutume d'Anjou, dit : « Notre coutume ne parle point des autres mines, c'est-à-dire, comme l'a remarqué Dumoulin, qu'elle laisse la chose aux termes du droit commun » (3).

Le fait principal qui tendrait à prouver que les seigneurs féodaux n'avaient point un droit de propriété sur toutes les mines est précisément l'attribution de ce même droit qui leur est conféré par les coutumes, sur certaines mines particulièrement précieuses. Nous voulons parler des mines d'argent et d'or, les premières attribuées au seigneur ou baron, les secondes au roi.

---

(1) *Coutume du duché de Bourgogne*, t. II, p. 268.
(2) Laurière sur Loysel, *Inst.*, l. II, t. 2, § 13.
(3) *Des fiefs*, l. VI, ch. 5, § 1.

Bon nombre de textes anciens mentionnent ce droit ou y font allusion (1). Il faut en chercher l'origine dans les traditions des époques précédentes. Les empereurs romains ou les rois, à l'origine de la monarchie franque, s'étaient toujours attribués, au moment des conquêtes, la propriété des gisements de métaux précieux ; lorsque les prérogatives royales eurent été en grande partie usurpées par les seigneurs, ces derniers ne manquèrent pas de s'attribuer la propriété des mines d'argent ; celles d'or, cependant, furent toujours réservées au roi, seigneur féodal lui aussi, mais dont la prééminence n'avait cessé de s'affirmer. On peut voir dans cette sorte de partage de la propriété des mines de métaux précieux, une trace de la lutte très réelle entre la royauté et les pouvoirs féodaux (2).

Si donc on veut reconnaître au profit des seigneurs, à l'époque féodale, un droit de propriété sur les substances minérales, il n'y faut voir qu'une sorte de domaine direct, de propriété de droit, une suite, en un mot, de cette théorie qui, entrevue à Rome, en ce qui

---

(1) *Etablissements de saint Louis*, I, XXXVIII ; Loysel, *Inst.*, l. II, t. 2, reg. 52 ; Bouteiller, *Somme rurale*, I, 36 ; Bacquet, *Droits de justice*, ch. XXXII et XXXIII.

(2) Vuitry, *Régime financier de la France*, nouvelle série, I, p. 68 ; Moreau de Beaumont, *Mémoire sur les droits et impositions*, 1763, t. III, p. 304. — Le passage suivant d'Adam Smith, semble confirmer notre opinion. L'auteur parle de la découverte des trésors et dit : « qu'elle était assimilée aux mines d'or et d'argent, qui, à moins d'une clause spéciale, n'étaient jamais comprises dans la cession générale de la terre, quoique les mines de plomb, de cuivre, d'étain et de charbon y fussent comprises, comme étant de moins d'importance ». *OEuvres*, Ed. Guillaumin, t. I, p. 343.

concerne les fonds provinciaux, confondait la souveraineté et la propriété de l'Etat. En même temps qu'on accordait aux détenteurs du sol un droit de domaine utile sur la surface, le plus souvent la propriété de fait du tréfonds minéral leur était concédée simultanément. La surveillance exercée par les suzerains, l'impôt perçu par eux n'étaient que la reconnaissance du droit de souveraineté qu'ils avaient usurpé sur le pouvoir royal (1).

CHAPITRE IV

RETOUR DU DROIT RÉGALIEN A LA MONARCHIE. — PREMIÈRES ORDONNANCES. — MAINTIEN DE LA LIBERTÉ D'EXPLOITER LES MINES.

En France, le droit régalien des mines demeura, comme nous venons de le voir, longtemps incertain entre le roi et les seigneurs hauts-justiciers des terres où étaient ouvertes les exploitations; mais à compter du xv⁰ siècle (2), on trouve dans les édits royaux l'histoire de l'administration politique des mines (3).

Charles V avait senti la nécessité de réprimer les abus introduits dans l'exploitation souterraine par les

---

(1) Favard de Langlade, *Répertoire,* v⁰ *Mines;* Biot, *Propriété des Mines,* p. 23.

(2) Regnaud d'Epercy et Merlin citent bien un édit de Philippe le Long, en 1321, qui aurait déclaré les mines « de droit royal et domanial », mais son existence est universellement mise en doute.

(3) Parmi les anciens auteurs qui se sont occupés de l'histoire de la législation des mines, on peut citer : Gobet, *Anciens minéralogistes du royaume de France* (1779), et Mathieu, *Code des mines* (1807).

seigneurs féodaux. Ceux-ci, suivant les expressions de l'édit de Charles VI à l'étude duquel nous arrivons, « s'efforçaient en maintes et diverses manières de faire rompre et cesser ladite œuvre... ». Les lettres patentes de Charles VI, du 30 mai 1413, constituent le premier acte législatif par lequel le pouvoir royal ressaisit le droit régalien qu'il s'était laissé ravir (1).

Les dispositions de cet édit peuvent se ranger sous deux chefs principaux. Sous le premier, Charles VI établit, comme un fait reconnu et à l'abri de toute contestation, qu'au roi et au roi seul appartient « la dixième partie purifiée de tous métaux qui en icelles sont ouvrés et mis au clair; — que le roi ne doit y frayer ou dépendre, si ce n'est pour donner à ceux qui font exploiter les mines, privilèges, franchises et liberté », comme ses prédécesseurs avaient toujours fait. Ainsi, le texte de l'édit ne fait aucune allusion à la revendication d'un droit de propriété sur les mines; il établit, au contraire, le principe de la liberté dans l'exploitation laissée au propriétaire de la mine. Seulement, et c'est là ce qu'il importe de remarquer, le roi prélève un dixième, en vertu « de sa souveraineté et majesté royale »; il n'est pas propriétaire, il est souverain, et cette souveraineté est absolue, exclusive de tout pouvoir semblable de la part des seigneurs. En second lieu, la recherche des mines avait particulièrement attiré l'attention de Charles VI; il permit à tous mineurs « de quérir, ouvrir et chercher mines, dans tous les lieux où ils penseraient en trouver, et icelles

---

(1) Isambert, *loc. cit.*, VII, p. 386.

traire et faire ouvrer ». Les immunités et les franchises que, par cet acte, le prince accordait aux mineurs, s'étendaient indistinctement sur ceux qui recherchaient les mines et sur ceux qui les faisaient exploiter. Les uns et les autres pouvaient exiger, moyennant juste et raisonnable prix, la cession des terrains dont leurs travaux nécessitaient l'occupation (1). S'ils ouvraient les mines à leurs frais du *creux* de leurs propres terres et possessions, ils étaient exempts, ainsi que leurs ouvriers, de toutes tailles, aides, gabelles, quart de vin, péages et autres quelconques subsides et subventions (2). Enfin, si les marchands, maîtres et ouvriers avaient des intérêts à débattre, ils trouvaient dans leur baillage même un juge bon et convenable, institué spécialement pour connaître tout ce qui concernait leur profession (3). On pouvait interjeter appel des sentences de ce juge devant les généraux maîtres des monnaies, au premier degré; et au second, l'appellation ira, selon les termes de l'ordonnance, « en notre cour de parlement ». L'édit de Charles VI, véritable code de législation minière, pose même déjà le principe de la protection des ouvriers mineurs. Le roi a senti qu'il doit prendre sous sa sauvegarde ces travailleurs, dont on voit plusieurs « mourir et mutiler en faisant ledit ouvrage, tant pour la puanteur qui est esdites mines,

---

(1) Notre ordonnance, comme tous les anciens règlements, confère aux mineurs la faculté, en quelque sorte indispensable, d'ouvrir des chemins. Cpr. loi de 1791, art. 21, 22 et 25 et loi de 1810, art. 43 et 44.

(2) Migneron, *Annales des mines*, 3ᵉ série, II, p. 551.

(3) Cependant ce juge devait s'abstenir en cas de meurtre, rapine et larcin.

comme pour les autres périls qui sont d'aller sous la terre minant ».

Les dispositions de l'édit de 1413 furent confirmées par ordonnance de Charles VII du 1er juillet 1437 (1), et par Louis XI lui-même, en 1467. Mais ce prince rendit à Montil-les-Tours, en septembre 1471, une seconde ordonnance beaucoup plus célèbre (2), et dont il importe de résumer, les principales dispositions, parce qu'elles sont le germe des principes qui devaient prévaloir dans la loi de 1810.

Les longues guerres qui eurent lieu dans le royaume, la perte des hommes expérimentés et aussi l'insuffisance des règlements avaient, dit en substance le préambule de l'ordonnance, causé l'interruption des travaux souterrains en plusieurs endroits, et notamment dans le Dauphiné, la Cerdagne et le Roussillon. Aussi Louis XI voulut-il pourvoir « aux choses dessus dites par édit solennel, statuts et ordonnances ». C'est ici le lieu de faire remarquer que cette ordonnance, comme celle précédemment citée de Charles VI, est rendue « après avis et délibération des gens de notre grand conseil et autres notables, hommes experts et connaissant en telles matières ». Ce texte permet de conjecturer qu'il existait depuis assez longtemps une sorte d'administration spéciale aux mines, dont la direction était centralisée à Paris, auprès du roi ; elle avait dû être créée par Charles VI ; des documents ultérieurs en accuseront plus nettement l'existence.

---

(1) Ordonnances des rois de France de la troisième race, XIII, 236.
(2) Isambert, *loc. cit.*, X, 623.

Louis XI commence par confirmer les privilèges et exemptions que ses prédécesseurs avaient accordés « aux marchands de mines », en décidant que ceux qui se livrent à ces travaux seront exemptés, pendant vingt ans, de tout impôt. Les étrangers, notamment, qui y seront employés, pourront, en outre, tester, et leurs héritiers leur succéder comme s'ils étaient natifs du royaume, et sans prendre d'autres lettres de *naturalité* que celles qui viseront les présentes dispositions et qui seront délivrées sous le sceau royal, après certification du général maître des mines et le procureur du roi appelé. Ces mêmes étrangers pourront demeurer partout, nonobstant les guerres, pourvu qu'ils ne fassent rien de préjudiciable au roi et à la chose publique, et retourner dans leur pays avec un congé de justice et du général maître des mines (1).

Ces mesures préliminaires adoptées, Louis XI décide que les propriétaires fonciers doivent, dans un délai de 40 jours, faire la déclaration des mines que contient leur propriété ; faute de quoi ils seront déchus pendant dix ans du *profit* qu'ils pourraient retirer de leurs mines, et le maître général peut les faire ouvrir et exploiter. Il y a controverse sur le sens qu'il faut attribuer au mot profit dans le texte de l'ordonnance (2). Pour nous, voici la portée qu'il convient d'attribuer à cette disposition.

---

(1) Il était, en effet, dans l'esprit du législateur de l'ancien régime d'accorder, soit en faveur du commerce, soit en faveur de l'industrie, différents privilèges, parmi lesquels figurait au premier rang l'exemption du droit d'aubaine. V. Despagnet, *Précis de Droit int. privé*, 2e édition, n. 47, et Demangeat, *Histoire de la condition des étrangers*, p. 186.

(2) Migneron, *Annales des mines*, 3e série, III, p. 638.

Si le propriétaire a fait la déclaration prescrite par
l'édit, il conserve son droit à une quote-part du produit. Si, au contraire, il a négligé d'accomplir cette
formalité, il ne lui est plus dû de redevance, et l'exploitant est quitte envers lui en versant une simple indemnité à titre d'occupation de terrain. Au moment de sa
déclaration, si le propriétaire fait part de l'intention
qu'il a d'exploiter lui-même, il doit obtenir l'autorisation du grand maître, vérification préalablement faite
de sa capacité. Cette autorisation une fois accordée, un
délai de trois mois, qui commence à partir du jour de
la déclaration, lui est imparti à l'effet de « faire les
préparations de ce qu'il faudra pour le fait desdites
mines ». Si le propriétaire ne veut pas exploiter lui-
même ou s'il n'est pas jugé par le grand maître assez
capable ou assez riche pour « à ses dépens faire et conduire ledit ouvrage », le grand maître peut, après
expertise pour rechercher, soit la mine elle-même, soit
le métal dont elle se compose, soit enfin « l'utilité qui
peut en advenir », accorder à d'autres le droit de l'exploiter, sous condition toutefois d'indemniser le propriétaire. Ici se pose très nettement la question historique de la redevance tréfoncière(1). Au cas où le propriétaire n'exploite pas lui-même, il a droit à une part du
profit ; nous entrevoyons dès lors plus clairement le droit
du superficiaire sur la mine, droit incontesté aux époques précédentes, mais que le législateur doit affirmer
ici plus explicitement, car il établit la possibilité d'une

---

(1) De Cheppe, *Journal des chemins de fer, des mines et des travaux
publics*, n. du 6 janvier 1849.

expropriation. Quel était maintenant le mode de règlement de cette indemnité? Le texte de l'ordonnance ne
permet pas à cet égard une réponse formelle; mais du
moins autorise-t-il, appuyé sur la tradition, à admettre
une conjecture qui paraît assez plausible. La redevance
due au propriétaire du sol consista probablement
comme par le passé dans une quote-part du produit de
la mine, du profit, selon les termes bien compréhensifs
à cet égard de l'ordonnance elle-même. Mais quelle
était cette quote-part? Était-elle toujours du dixième,
comme dans la législation romaine? Nous croyons
qu'aux termes de l'édit de 1471, ce système avait été
abandonné. La quotité, revenant au propriétaire sur le
produit annuel de la mine, devait être fixée par le maître général assisté de qui de droit (1), et en tenant
compte « de la qualité et valeur desdites mines ». Outre,
en effet, que c'était d'après l'ordonnance l'autorité ordinairement compétente, nous voyons que « la portion »
due aux seigneurs tréfonciers était réglée de la même
manière (2); à plus forte raison devait-il en être de
même de celle qui revenait au superficiaire, dont le
droit est plus direct et plus certain. Cette remarque ne
tend pas à prouver que le propriétaire de la surface
touchait toujours plus du dixième du produit; son droit
sur le revenu de la mine était proportionnel à ce der-

______

(1) C'est-à-dire « gens notables, experts et connaissant esdites matières
de mines ».

(2) « Et aux seigneurs tréfonciers telle portion qu'ils verront être à faire,
soit d'un dixième ou autre somme plus grande ou plus petite, selon la qualité et valeur desdite mines... »

nier ; le progrès, si peu accentué qu'il fût, de l'industrie minérale dut conduire à l'adoption de ce système.

Nous venons de parler de la redevance que les exploitants devaient payer aux seigneurs. Louis XI rétablit
en effet, par l'édit de 1471, le droit que Charles VI et
Charles VII avaient supprimé ; mais le texte de l'édit
permet d'affirmer que ce ne fut là qu'une concession
gracieuse de la royauté, faite aux réclamations des seigneurs hauts-justiciers, et comme compensation du secours qu'ils pouvaient prêter à l'industrie minérale,
principalement en établissant et en entretenant des
voies de communication pour desservir les exploitations. De plus, au cas de concession de la mine à un
autre qu'au propriétaire, le seigneur tréfoncier a toujours la préférence ; une fois que la concession lui a été
accordée, il doit tout comme un autre observer les
règles de la présente ordonnance.

Certaines mines appartiennent en propre à la royauté,
font partie du domaine royal ; elles sont alors vendues
au plus offrant, et pendant douze ans le roi abandonne
la redevance du dixième pour la consacrer à l'encouragement des travaux miniers.

L'ordonnance consacre, sur tout le territoire du
royaume, le droit de recherche qui est accordé à tous,
sans que les propriétaires des fonds où les recherches
ont lieu puissent s'y opposer, mais sauf l'indemnité à
leur accorder (1). Les seigneurs et les propriétaires fon-

---

(1) Les ordonnances du Louvre portent dans le texte « sans faire indemppité » et en variante « sauf l'indemppité. » Cette seconde version,
qui dit précisément le contraire de la première, est évidemment la seule

ciers sont tenus, comme précédemment, de laisser établir les chemins nécessaires à l'exploitation.

Enfin l'ordonnance crée un maître général des mines qui en sera « le gouverneur, visiteur et juge ordinaire », et qui veillera à ce que « lesdites ordonnances puissent mieux être entretenues et gardées ». Sa juridiction toutefois ne comprend pas la connaissance des délits emportant peines corporelles, qui sont renvoyés devant les magistrats de droit commun. Louis XI avait visiblement l'intention, en créant cette charge, de faire du maître général un fonctionnaire dans le sens moderne du mot, c'est-à-dire une personne rendant officiellement à la société un service d'utilité générale au nom de l'Etat. En effet, au milieu de ses attributions très complexes, on peut voir qu'indépendamment de ses fonctions judiciaires et de son pouvoir fiscal, il doit jouer un rôle technique et administratif (1).

Les parlements, en enregistrant l'édit de Louis XI, avaient apporté à son texte certaines modifications. Ils spécifièrent notamment : 1° que nul ne pourrait sans le consentement du propriétaire de la surface ou par l'ordonnance du juge ordinaire, les parties ayant été entendues, ouvrir des mines dans les terres portant fruits « industriaux », dans les bois et dans les jardins ; 2° que la recherche et l'ouverture des mines seraient faites par ordonnance du maître général, en présence du procureur du roi et du propriétaire ; 3° que l'indem-

---

admissible, eu égard à la suite de l'alinéa et à la teneur de la modification des parlements.

(1) V. arrêt du Parlement de Paris du 31 août 1474 (f° 216).

nité due au propriétaire serait réglée par le procureur du roi et le maître général; 4° que la non révélation de l'existence d'une mine n'emporterait que la privation du profit dont elle serait susceptible, pendant le temps déterminé par l'édit.

En résumé, d'après l'ordonnance de 1471, le superficiaire reste propriétaire de la mine, mais il ne peut l'exploiter qu'après autorisation et en justifiant qu'il est récéant et solvable. Si le propriétaire n'est pas trouvé capable d'exploiter, le grand maître pourra confier cette tâche d'abord au seigneur, ensuite à toute personne qu'il jugera apte et capable, mais à charge d'une indemnité au profit du superficiaire. Ainsi, l'intervention de l'autorité royale se manifeste dans ce document, plus grande et plus envahissante que par le passé, et nous nous rapprochons d'autre part du système des concessions modernes, principalement par les déclarations et justifications exigées des exploitants. C'est ce qui a permis à M. Migneron d'écrire « que si l'on compare les dispositions de la loi de 1810, concernant la recherche et la découverte des mines, avec l'édit de Louis XI modifié par les parlements, on sera frappé de la conformité des vues d'après lesquelles certaines questions ont été décidées à deux époques séparées l'une de l'autre par un intervalle de trois siècles et demi » (1).

Deux ordonnances de 1472 (2) sur « les cueilleurs

---

(1) Migneron, *Annales des mines*, 3ᵉ série, II, p. 558.

(2) Isambert, X, 638 et Ordonnances des rois de France de la troisième race, XVII, 483.

d'or de paillole » dans les fleuves et rivières du Languedoc, auxquelles vinrent s'ajouter le 12 octobre 1481 (1) de nouvelles lettres patentes sur le même objet, complètent la législation de Louis XI sur le fait des mines. La liberté presque absolue, laissée aux recherches de l'or, est un encouragement donné à ceux qui s'y livraient et qui devaient eux-mêmes en porter le produit aux plus prochaines monnaies.

(1) Ordonnances des rois de France, XVIII, p. 70.

DEUXIÈME PARTIE

De l'ordonnance de 1471 à 1791

CHAPITRE PREMIER

MAINTIEN DE L'ANCIENNE LÉGISLATION

Charles VIII, par diverses ordonnances rendues au cours de l'année 1483 (1), Louis XII, par lettres de 1498 (2) et par sa déclaration de juillet 1514 (3) imposant aux concessionnaires la charge de payer le dixième au roi et d'indemniser les propriétaires de la surface, consacrèrent successivement les importants principes établis en matière de mines par Charles VI et ses successeurs. Il en fut de même de François Ier, qui, par lettres patentes données à Paris le 7 janvier 1515 (4), affirmait son désir de suivre en matière d'administration les traditions antérieures et confirmait en même temps dans la charge de contrôleur général des mines Pierre Cholet, qui occupait déjà ces fonctions sous Louis XII. Au sujet de cette charge, qui dut exister

---

(1) Edit sur l'exploitation des mines du Mâconnais et de Lyon, Isambert, XI, p. 97.— Déclaration pour l'exploitation des mines de Couserans, avr. et nov. 1483, Isamb., X, p. 911 et XI, p. 10.

(2) Ordonnances des rois de France, etc., XXI, p. 41.

(3) Isambert, XI, p. 666.

(4) Registres des cours et juridictions spéciales, f° 76, n. 3160.

pendant quelque temps à côté de celle de grand-maître, les registres de la Cour des monnaies et deux arrêts du Parlement de Paris des 28 juillet 1523 et 23 juillet 1526 (1) permettent d'affirmer que le contrôleur général des mines avait, sous ses ordres et dans les provinces où l'industrie minérale était particulièrement en activité, des agents secondaires qui le représentaient. C'est ce que démontrerait au surplus la lecture de l'avis des généraux des monnaies donné au roi en 1520 et qui dénote le lien étroit qui existait entre ces deux administrations (2). Cet avis se borne à demander le maintien des mesures précédemment édictées, et notamment de celle qui obligeait à apporter aux plus prochaines monnaies le produit des mines d'argent (3). Il fut suivi, au cours de la même année, le 17 octobre 1520 (4), d'une déclaration royale dont le but était d'enrayer le cours des abus et prévarications commis par les seigneurs. Il y est dit que ces derniers ne devront point entraver la recherche des mines, et que ceux d'entre eux qui prétendraient baser leurs prétentions sur des lettres du roi devront les produire, sinon restituer ce qu'ils auraient déjà reçu. Nous y voyons, pour la première fois, qu'une sorte de contrôle s'exerçait sur le mouvement des métaux, et que la perception des droits du dixième était confiée aux trésoriers ordinaires, tan-

______

(1) Registres du Parlement de Paris, f° 434, n. 4872, f° 439, n. 4879.

(2) Lamé-Fleury, *loc. cit.*, p. 20.

(3) V. Disp. du 6 mars 1516, Isamb., XII, p. 105; du 27 décembre 1516, *id.*, p. 100.

(4) Isambert, XII, p. 179.

dis que le maître général et ses subordonnés étaient chargés d'en surveiller la rentrée.

CHAPITRE II

CONCESSION TEMPORAIRE DE TOUTES LES MINES A UN PRIVILÉGIÉ
(1548-1597)

Nous avons constaté, à partir de l'ordonnance rendue par le roi Charles VI en 1413, une intervention de plus en plus marquée du pouvoir central dans l'organisation de notre législation. Il semble qu'à dater de la promulgation de l'édit de 1471, les vrais principes en cette matière soient désormais posés et qu'il n'y ait plus, dans la suite, qu'à les développer sur des points de détail, les compléter ou les modifier pour les mettre d'accord avec les nécessités de l'époque. Voici cependant qu'arrivés au règne de Henri II, nous nous trouvons en face d'un véritable monopole organisé au profit d'un particulier. Avant d'examiner comment fonctionna ce nouveau système de l'exploitation des mines, il faut rechercher sommairement quelles raisons le firent établir.

Il n'y en a qu'une : le désir de relever l'industrie minérale, peu florissante malgré les faveurs qu'on lui accordait. Henri II constate qu'il y a faute et indigence de métaux dans le royaume (1). D'une part, en effet, un grand nombre de mines n'étaient pas exploitées; et de l'autre, les besoins avaient considérablement grandi.

____

(1) Lamé-Fleury, *loc. cit.*, p. 29.

Le commerce intérieur se développait comme le commerce maritime : c'est l'époque de l'organisation d'une armée et d'une marine nationales, et le mouvement colonial a déjà commencé. Aussi bien cet intérêt public est-il mis en évidence dans le préambule des lettres-patentes données par Henri II en 1548, par lequel il investit le seigneur de Roberval du monopole dont nous avons parlé. Il y est dit que le postulant a offert de procurer le personnel et les capitaux nécessaires à l'exploitation, et il y est plusieurs fois parlé du bien, profit et utilité de la *République du royaume* (1). C'est sur le même motif que le roi s'appuiera encore, lorsque quelques années après il augmentera les prérogatives du concessionnaire. L'intérêt général est donc la vraie raison pour laquelle les mines sont mises à la disposition du roi, lequel en dispose lui-même en faveur de celui qu'il juge le plus digne de les exploiter.

Le 30 septembre 1548, Henri II accordait donc par lettres patentes au sieur François de la Roque, seigneur de Roberval, pour en jouir lui, ses hoirs et ayant-cause à perpétuité, la propriété de toutes les mines qu'il pourrait découvrir pendant la concession qui lui était faite pour neuf ans (2). Bien que nous trouvions, dans l'intervalle, une déclaration qui semble consacrer le même droit au profit d'un autre privilégié, le sieur Guillaume Gontre (3), ces lettres patentes

---

(1) Arrêt du 5 juillet 1555. Registres de la Cour des Monnaies de Paris, folio 269, n. 3174.

(2) Isambert, XIII, 57.

(3) Lamé-Fleury, *loc. cit.*, p. 31.

furent confirmées et complétées par celles du 10 octobre 1552 (1). Le point le plus important de cette nouvelle législation est le droit absolu sur les substances
souterraines accordé à l'Etat représenté par le roi, et
la négation consécutive du droit du superficiaire sur le
tréfonds minéral. Alors que les précédentes ordonnances avaient formellement réservé les prétentions du
propriétaire de la surface, il n'est plus ici question de
lui, il n'a pas même de préférence ; et, si le concessionnaire doit l'indemniser, c'est seulement quant à la
valeur du terrain occupé, et non « des mines y étant ».
Dès lors, les deux propriétés, celles du dessus et du
dessous, semblent se séparer encore davantage. Le
système adopté par l'édit de 1548, fait pour parer aux
nécessités du moment, est du reste par lui-même assez
mal défini. Sans doute, il reconnaît à l'Etat le droit de
concéder les mines et c'est par là qu'il imite, qu'il
dépasse même les principes antérieurement posés ;
mais il fait aussi une certaine part à l'invention, puisque ce sont les mines trouvées et ouvertes dans un
certain espace de temps, qui appartiendront au concessionnaire et à ses ayant-cause (2).

La lecture des lettres patentes de 1548 et de 1552
nous suggère plusieurs remarques importantes. Tout
d'abord les mines régulièrement exploitées, en vertu
de concessions faites sous les règnes précédents, ne
sont pas comprises dans le monopole organisé au profit

---

(1) Isambert, XIII, 285.

(2) Il est à remarquer que les rois eurent maintes fois à vaincre les
résistances des parlements pour faire enregistrer leurs ordonnances.

du seigneur de Roberval ; il pourra prendre seulement
celles qui seraient délaissées ou possédées « sans
congé ». Les mines d'or et d'argent sont comme précé·
demment assimilées aux autres mines ; le même principe les régit toutes. Le roi réclame toujours comme
souverain l'impôt du dixième ; cependant, il en fait
remise au seigneur de Roberval pour une durée de cinq
années. Si l'on veut se rendre compte des difficultés
auxquelles était soumise la perception de cet impôt, on
remarquera que, pour le règlement, le concessionnaire
est cru sur son serment, et qu'il doit jurer, entre les
mains du garde des sceaux de la chancellerie de
France, de bien régir et administrer et de garder le
profit du roi. Le concessionnaire est autorisé à juger
les délits qui se commettent en matière de mines,
assisté de six hommes de justice et de trois de ses associés. Le roi déclara d'abord que les juridictions ordinaires connaîtraient de l'appel, mais il accorda ensuite
par lettres de 1554 (1) compétence exclusive à la Cour
des Monnaies. Il faut signaler, à côté de ces points
principaux, une multitude de privilèges destinés dans
la pensée du roi à favoriser le nouveau régime qu'il avait
créé : droit pour le concessionnaire d'exporter et de
vendre les produits des mines sans payer de droits,
sauf exception pour les cendres d'or et d'argent, le fer
et l'étain ; — exemption des impositions à ceux qui, de
près ou de loin, participaient à l'entreprise ; — dis-
pense du droit d'aubaine et naturalisation privilégiée
offertes aux ouvriers étrangers ; — faculté pour le con-

---

(1) Lamé-Fleury, *loc. cit.*, p. 42, note 2.

cessionnaire de s'adjoindre des associés jusqu'à concurrence de huit, d'ouvrir des marchés à proximité des concessions, de se faire céder le bois nécessaire par les propriétaires des forêts avoisinantes, de faire des règlements qui devront préalablement être approuvés par le conseil du roi, de commencer les travaux, nonobstant l'opposition des propriétaires du sol et après avoir consigné l'indemnité due pour occupation. De plus, au moment même où il est formellement déclaré que les mines sont à la disposition absolue de l'Etat, le roi reconnaît aux seigneurs un droit du quarantième des produits. L'intérêt général a encore motivé cette concession purement gracieuse, en fournissant aux nobles « le moyen d'aider à entretenir et continuer lesdites mines, et à traiter favorablement les maîtres et ouvriers ». Nous constatons, dans le même ordre d'idées, que le roi décide que le seigneur de Roberval et ses associés nobles peuvent se livrer à l'industrie « sans déroger aucunement à leur noblesse, ni états et offices », exception remarquable aux principes de l'époque et qui prépare la voie aux réformes postérieures (1).

Sans apprécier, pour le moment, le régime du monopole, tel qu'il avait été organisé par Henri II, nous ne pouvons que constater qu'il donna lieu à beaucoup d'abus, et reconnaître que « si peu de profit et d'avancement était provenu des ordonnances précédentes », celles de Henri II n'amenèrent pas avec elles un meilleur résultat. Les doléances qu'elles entraînèrent se

______

(1) Edit de janvier 1629, Isambert, XVI, 339. — Edit de décembre 1701, Isambert XX, 400.

traduisent notamment par des remontrances des gens du roi, du 20 juillet 1553 (1), et Gobet, qui eut sous la main plusieurs documents de l'époque, en écrivant ses *Anciens minéralogistes*, ajoute, après avoir appelé le seigneur de Roberval « le petit tyran », — « qu'il est aisé de se figurer combien de vexations contre le particulier, combien d'attentats contre l'intérêt public, résultèrent d'une si fausse application des principes du droit régalien » (2). Ce système fut néanmoins maintenu par les successeurs de Henri II. François II, le 29 juillet 1560 (3), transporte au seigneur de Saint-Julien tous les privilèges concédés au seigneur de Roberval; il reconnaît lui-même l'insuffisance du moyen employé, mais il l'attribue aux guerres qui ont désolé le royaume. Cette considération n'empêchera pas Charles IX, en 1562, d'ajouter un autre concessionnaire général à celui qui existait déjà (4). En 1568, le seigneur de Saint-Julien est remplacé par Antoine Vidal (5); en 1577, sous Henri III, c'est Etienne de Lescot qui est titulaire de la charge de grand-maître superintendant des mines (6); en 1580, le sieur Collonges lui sera adjoint, mais seulement quant aux mines à ouvrir dans certaines provinces (7). Ces sortes de bouleversements, dans l'administration même, démontrent la fragilité de cette insti-

---

(1) Registre du Parlement de Paris, f° 474 (n. 1575).

(2) *Anciens minéralogistes*, p. 37.

(3) Isambert, XIV, p. 41.

(4) Lamé-Fleury, *loc. cit.*, p. 54.

(5) Lamé-Fleury, p. 61.

(6) Isambert, XIV, 319.

(7) Lamé-Fleury, p. 66.

tution. Il convient, d'ailleurs, d'ajouter avec Gobet que « l'ambition, l'avarice et l'intrigue des courtisans étaient la cause de tant de changements dans les chefs des mines » (1). Les rois n'entendaient point du reste, en faisant les concessions dont nous venons de parler, abandonner leur souveraineté et laisser une entière liberté aux concessionnaires ; c'est ce que prouvent deux déclarations de Charles IX, des 28 mars (2) et 26 mai 1563 (3), qui affirment en substance que le droit, soit de percevoir le dixième, soit d'en faire remise, appartient au roi seul considéré comme souverain.

Il reste à apprécier ce régime du monopole, organisé en France de 1548 à 1597, soit au point de vue historique, soit au point de vue économique. Répondant à la première question, les termes mêmes des ordonnances nous diront que c'était une mesure destinée, dans la pensée de ses auteurs, à encourager l'industrie, mais inspirée surtout par le désir de se décharger sur un particulier des soucis et des charges pécuniaires qu'aurait entraînés l'exploitation faite par l'Etat. Si on considère, d'une part, l'état de l'industrie à cette époque, les tracasseries sans cesse suscitées par les seigneurs ; et d'autre part, le peu d'autorité qu'avaient les grands maîtres superintendants et l'insuffisance forcée des ressources dont ils disposaient, on se rendra facilement compte de l'inutilité de cette mesure. Au point de vue économique, ce système est de tous points con-

---

(1) *Anciens minéralogistes,* p. 23.

(2) Lamé-Fleury, p. 56.

(3) Isambert, XIV, p. 140.

forme à la définition que donne du monopole un savant auteur (1) : « La possession par un seul individu ou un seul groupe d'individus de la faculté de fournir une espèce déterminée d'objets ». Or, en reconnaissant avec lui « que le monopole est une forme inférieure de l'action de l'Etat comme de celle des individus », nous croyons devoir admettre que si, à tort ou à raison, l'Etat juge bon et utile d'adopter le régime du monopole, ce monopole, dans une matière comme celle qui nous occupe, doit revenir à l'Etat lui-même. L'importance de l'industrie des mines, qui en fait une des bases de la fortune publique, justifie cette proposition. Comment concevoir l'utilité d'un régime qui consacre l'accumulation, aux mains d'un particulier ou même d'une compagnie, d'objets de première nécessité, tels que les substances minérales, et particulièrement de la houille, que l'on a si bien appelée « le pain de l'industrie » ? On serait plutôt tenté d'y voir une spéculation sur un des premiers et des plus impérieux besoins de la vie commerciale d'un peuple. Le monopole organisé par Henri II et ses successeurs, ne peut être considéré comme légitime, parce qu'il ne se justifiait pas par une véritable nécessité et qu'il était aussi impuissant que les mesures précédemment adoptées à assurer à la collectivité les avantages qu'elle doit retirer de l'exploitation des métaux. Son attribution à un privilégié, dont la capacité n'était nullement vérifiée (2), augmenta dans une large proportion les incon-

---

(1) Fernand Faure, v° *Monopole* dans le Dictionnaire d'économie politique de L. Say.

(2) Delebecque, *Tr. de la législation des mines*, I, p. 22.

vénients qui en résultaient naturellement. Aussi ce système fut-il abandonné après quelques années d'expérience.

CHAPITRE III

RETOURS SUCCESSIFS AUX SYSTÈMES DES DEUX PREMIÈRES PÉRIODES. — PREMIERS RÈGLEMENTS TECHNIQUES. — ORIGINE DE L'ADMINISTRATION DES MINES.

Un des vices principaux de la législation précédente était la précarité des concessions, qui rendait les travaux de longue haleine impossibles et amenait un renouvellement constant des concessionnaires.

Henri IV, qui avait pris à tâche de rendre au commerce et à l'industrie la prospérité qu'ils avaient précédemment perdue, tourna ses vues du côté des mines, et dès 1597, il rendait un édit dont les dispositions forment la transition naturelle entre les idées antérieurement adoptées et les principes qui vont prévaloir jusqu'en 1791 (1). Au commencement de cet édit, Henri IV rappelle longuement les ordonnances de ses prédécesseurs et les confirme explicitement. Il parle des privilèges qui ont toujours été accordés à l'industrie des mines, de la création par Louis XI d'un grand maître superintendant, et des concessions temporaires faites sous les règnes précédents. En même temps qu'il constate le peu de succès de ces mesures, il entreprend de rétablir une réglementation nouvelle sur les bases suivantes : 1° le droit du dixième appartient

______

(1) Lamé-Fleury, *loc. cit.*, p. 69.

exclusivement à la royauté, mais le droit du quarantième est maintenu au profit des seigneurs ; 2° l'indemdité due au propriétaire du sol est limitée à la valeur de la superficie ; 3° l'administration des mines est complétée par l'adjonction, au superintendant général, de douze lieutenants particuliers dont la compétence sera territoriale, d'un contrôleur général, d'un receveur et d'un greffier dont les fonctions et le traitement sont déterminés par l'édit.

L'édit de juin 1601 (1) présente plus d'une analogie avec celui que nous venons d'étudier. Il porte la création d'un corps spécial, chargé de la surveillance des mines et de la perception de l'impôt ; le grand maître reçoit les déclarations en cas de découverte des mines et accorde l'autorisation de les exploiter. La concession n'est plus générale et exclusive ; au cas où le propriétaire est reconnu capable, il a un droit de préférence à l'obtention de la concession, sinon l'indemnité qui lui est due ne représente que la valeur de la surface. Enfin l'édit considère comme inviolable la propriété de la mine concédée et exploitée, supprimant ainsi les concessions révocables et limitées dont nous avons parlé plus haut. Il contenait encore une innovation importante : certaines mines, notamment celles qui fournissaient les matériaux nécessaires aux constructions, étaient affranchies du droit du dixième, bien que toujours soumises aux règles ordinaires pour la concession et la surveillance de l'autorité. C'est à partir de cette

____

(1) Isambert, XV, 253.

époque que les substances minérales cessèrent d'être soumises à une réglementation uniforme.

Un arrêt donné par le roi en son Conseil le 14 mai 1604 (1) interpréta ultérieurement l'édit de 1601. Il se rapporte à deux chefs principaux : réglementation de l'exploitation et législation ouvrière. Sous le premier chef, l'arrêt du conseil décide que, faute de commencer les travaux un mois après l'autorisation, le concessionnaire pourra être privé de son droit d'exploitation et qu'il en sera de même au cas de « discontinuation »; que les concessionnaires devront faire connaître au greffe desdites mines les noms de leurs associés et y faire enregistrer leurs ventes ou échanges; qu'ils devront avoir, dans chaque mine, un facteur général chargé de diriger le travail, et d'avertir le grand maître des accidents qui pourraient s'y produire et dont les effets seront réparés par les concessionnaires eux-mêmes; que nul ne pourra abandonner une exploitation sans prévenir le grand maître, et que tous les lingots seront marqués par l'autorité; que le droit du quarantième sera maintenu aux seigneurs. Au deuxième point de vue, voici les dispositions édictées par l'édit. Certains châtiments sont établis en vue de retenir les mineurs dont la conduite serait peu régulière. En outre, un trentième est prélevé sur la masse des produits, en vue de l'entretien de deux prêtres, d'un chirurgien et de l'achat de médicaments. Enfin, et l'on peut voir là l'origine des articles 20 et 21 de la loi de 1810, « si les créanciers de quelque associé ou du maître entrepre-

____

(1) Isambert, XV, 290.

Gaillard   4

neur faisaient arrêt sur une mine », les ouvriers qui y travaillaient et les marchands qui avaient fourni les matériaux nécessaires à son exploitation devaient être payés par préférence à tout autre, sauf le roi pour son droit du dixième. Les privilèges concédés aux ouvriers étrangers sont également maintenus.

On peut dire que jusqu'en 1722, l'édit de 1601, complété par l'arrêt du conseil précité, est resté la loi fondamentale des mines. Les dispositions qui furent ultérieurement rendues n'eurent pour objet que de le compléter. Citons : l'édit de mai 1635, portant création de deux nouveaux offices de contrôleurs généraux des mines (1); — l'arrêt du conseil du 30 mai 1677, réglementant la recherche des mines d'or et d'argent en Auvergne (2); — celui du 2 janvier 1703, se référant à la recherche des mines de cuivre et de plomb dans la même province (3); — la déclaration sur l'exploitation des mines d'étain du 8 mars 1704 (4); — l'édit réglant l'ouverture des mines du Vigan et de l'Isle-en-Jourdain, rendu en juillet 1705 (5).

Du reste, l'instabilité qui est un caractère général et distinctif de la législation minière de l'ancien régime continue comme aux époques précédentes. Des tentatives sont successivement faites, soit en faveur du monopole, notamment en 1640 et en 1670 (6), soit en

(1) Isambert, XVI, 441.

(2) Isambert, XIX, 175.

(3) Isambert, XX, 438.

(4) Isambert, XX, 443.

(5) Isambert, XX, 467.

(6) Migneron, *Annales des mines*, 3e série, t. III, p. 641. Arrêt du Conseil du 16 juillet 1689, Lamé-Fleury, p. 137.

faveur de la liberté absolue, comme il arrive pour les mines de charbon aux termes d'un arrêt du conseil du 13 mai 1698 (1). Ces divers essais en sens contraire, produisant des effets tout autres que ceux qu'on en attendait, furent abandonnés l'un après l'autre.

Le retour à l'ancienne législation de Henri II, consacré par l'édit de février 1722 (2), ne fut aussi qu'une tentative infructueuse, bien qu'il n'ait été motivé, dans la pensée du roi Louis XV, que par l'intention « de porter à leur perfection des établissements qui forment un bien pour le commerce et l'avantage de ses sujets ». Nous voyons que le monopole est accordé à une compagnie et que sa durée est de trente ans : la précarité disparue sous Henri IV reparaît ici. Il n'est nullement question du superficiaire. Le duc de Bourbon pourra, dans l'avenir, accorder telle concession que bon lui semblera et à lui seul appartient la juridiction des mines. Comme pour tous les actes importants de l'ancienne monarchie, nous trouvons à la fin de l'édit la concession de nombreux privilèges en vue de favoriser les exploitants : abandon par le roi de son droit du dixième; translation à la compagnie de ce même droit quant aux mines qui n'en sont pas dispensées; fourniture par l'Etat de la poudre nécessaire à l'exploitation ; bénéfice « des sols de cuivre et de billon », provenant des matières extraites dans la région des Pyrénées; concession des titres d'honneur aux membres de la compagnie. Les dispositions de cet édit furent complé-

---

(1) Lamé-Fleury, *loc. cit.*, p. 140.
(2) Isambert, XXI, 204.

tées par un arrêt du conseil de juin 1728 (1), en visant lui-même un autre de 1723, qui attribue en dernier ressort à des commissaires spéciaux la connaissance « des contestations concernant les affaires de la compagnie des mines du royaume ».

La législation, depuis 1722 jusqu'en 1791, se compose presque exclusivement d'arrêts du conseil. En 1731 (2), les résultats attendus ne se produisant pas, le roi révoque le don du dixième qu'il avait fait à la compagnie en 1722, et restreint la concession générale qu'il lui avait accordée à certaines provinces. En 1739 (3), règlement nouveau sur les mines et minières, comportant les points suivants : réorganisation du personnel sur les bases de l'ancien système; affirmation du droit du dixième au profit du roi, mais remise de l'impôt arriéré et réduction au quarantième pendant 40 ans ; suppression du droit du quarantième perçu par les seigneurs hauts-justiciers; confirmation des privilèges accordés aux mineurs, et défenses sous certaines peines d'abandonner les travaux commencés; insaisissabilité des mines et outils, sauf au cas de prêt fait dans l'intérêt de la mine; établissements de droits réduits pour la circulation des métaux. L'arrêt du 15 janvier 1741 ordonne que les exploitants remettront copie de leurs titres aux intendants désignés (4). Deux autres arrêts

----

(1) Lamé-Fleury, *loc. cit.*, p. 97. — L'arrêt de 1728 montre comment se traitait alors le contentieux des mines.

(2) Arrêt du conseil du 1er mai, Lamé-Fleury, p. 99.

(3) Edit de septembre, Lamé-Fleury, p. 102.

(4) Lamé-Fleury, p. 108.

du conseil des 14 janvier 1744 (1), et 19 mars 1783 (2),
visant spécialement les mines de houille, méritent d'être
remarqués. Supprimant la liberté absolue d'exploitation
accordée par l'arrêt du conseil de 1698, ils établissent
que nulle mine ne pourra être ouverte sans autorisation, fût-elle la propriété d'un seigneur, et que les exploitants devront fournir aux intendants des renseignements détaillés sur leur entreprise. Si l'extraction a lieu
sur la propriété d'autrui, le superficiaire recevra une
indemnité fixée de gré à gré ou arbitrée par experts. La
connaissance des litiges concernant ces mines est attribuée aux intendants. Pour la première fois, les conditions techniques de l'exploitation : modes de recherches, ouverture des puits, dimensions des galeries,
travaux de soutènement... etc., sont minutieusement réglées. Un arrêt du conseil du 9 novembre 1751 (3) subordonne « la cueillette des pailloles d'or et d'argent » à
une autorisation préalable, et renouvelle l'obligation
d'en remettre le produit aux plus prochaines monnaies.
Le 21 mars 1781, quatre inspecteurs généraux des mines
étaient créés (4); et le 19 mars 1783, l'établissement
d'une école des mines était décidé (5).

---

(1) Isambert, XXII, 166.

(2) Isambert, XXVII, 264 et 266.

(3) Lamé-Fleury, *loc. cit.*, p. 117.

(4) Isambert, XXVII, 5. — *Annales des mines*, 1ʳᵉ série, I, p. 493. —
De Bonnard, *Observations d'un mineur*, p. 39.

(5) Isambert, XXVII, 260.

CHAPITRE IV

LÉGISLATION SPÉCIALE DES MINES DE FER ET DES MAITRES DE FORGES

Il nous a paru convenable de grouper dans un chapitre distinct les documents relatifs à la législation spéciale des mines et usines de fer, qui ont été soumises de bonne heure à une réglementation particulière qui a de beaucoup survécu à l'ancien régime (1).

Le premier acte que nous rencontrons sur ce point consiste dans des lettres patentes de Charles VII, du 21 mai 1455 (2), exemptant « les maîtres de mines et forges à fer des aides, impositions, tailles, subsides et autres impôts, et aussi de guet, garde-porte et autres charges », notamment « de l'imposition de douze deniers pour livre de la première vente qu'ils feront de la mine de fer... ». Louis XI confirma ces privilèges le 19 août 1467 (3). François 1er, par une déclaration du 18 mai 1543 (4) qui prouve les progrès accomplis par l'industrie métallurgique, établit un impôt « de 20 sols par chaque millier de fer » sortant des forges ou usines. Henri II, après avoir confirmé de nouveau, en 1548 (5), les privilèges concédés par ses prédécesseurs, les révoqua le 7 mars 1554 (6), parce qu'on en « abusait gran-

---

(1) V. loi du 19 mai 1866.

(2) Isambert, IX, 273.

(3) Ordonnances des rois de France de la troisième race, XXVII, p. 8.

(4) Isambert, XII, 810.

(5) Lamé-Fleury, p. 123.

(6) Lamé-Fleury, p. 125.

dement ». Louis XIII inaugura, sur le point spécial qui nous occupe, en substituant un droit sur le fer au droit domanial du dixième (1) et en permettant de rechercher le minerai dans la propriété d'autrui, à charge d'indemniser le superficiaire (2). Sous Louis XIV, il est enjoint, à ceux qui ont des mines de fer dans leurs fonds, d'y établir des fourneaux pour convertir le minerai en fer (3). Cette législation particulière est complétée par trois arrêts du conseil, le premier du 27 décembre 1729 (4), ayant pour but de retenir dans les mines et fourneaux les ouvriers qui y étaient employés; les deux autres de 1786 (5), établissant la juridiction spéciale des intendants et élevant dans un but « de protection pour la propriété, à deux sous six deniers », l'indemnité à laquelle avait droit le maître du sol.

CHAPITRE V

CARACTÈRE DE LA LÉGISLATION MINIÈRE DE L'ANCIEN RÉGIME

La législation minière de l'ancienne France n'est, à proprement parler, qu'une série d'essais en sens contraire, successivement tentés pour favoriser l'industrie; et il est vrai de dire que, pendant plusieurs siècles, on n'aperçoit ni tradition constante ni évolution suivie.

---

(1) Edit de février 1626; Isambert, XVI, 183. Cet édit paraît, en outre, rétablir les privilèges supprimés par Henri IV.

(2) Arrêt du Conseil du 20 juin 1631; Lamé-Fleury, *op. cit.*, p. 127.

(3) Ordonnance de juin 1680; Isambert, XIX, 242.

(4) Lamé-Fleury, *op. cit.*, p. 166.

(5) Lamé-Fleury, *op. cit.*, p. 130 et 168.

Aussi est-il utile, au milieu de ces variations incessantes, de dégager les éléments nécessaires pour faire découvrir et apprécier le caractère véritable de cette partie de notre ancien droit. Nous voyons que la propriété
de la mine n'est pas absolument liée à celle de la surface, et que l'exploitation des substances minérales est
toujours autorisée par le roi. Ces deux principes, qui
auraient dû être uniquement inspirés par le désir de
donner satisfaction à l'intérêt général, furent souvent
la source de graves abus : une véritable mainmise fut
parfois établie sur les mines, et l'intervention de l'autorité put, à plusieurs reprises, être qualifiée d'équivoque, intéressée et arbitraire. Ces abus peuvent être
rattachés à des causes diverses ; tout d'abord, à cette
idée prédominante sous l'ancienne monarchie que le
roi est propriétaire de l'universalité du sol, dont ses
sujets ne sont que les détenteurs précaires; ensuite, à
la faiblesse des rois qui, écoutant toujours les conseils
intéressés qui leur étaient donnés, constituaient au
profit de leurs favoris des privilèges dont ceux-ci ne
tardaient pas à abuser. Toutefois, les rois n'allèrent
jamais jusqu'à attribuer en droit la propriété des mines
à la couronne. En fait, la faculté d'interdire ou d'autoriser souverainement l'extraction leur avait conféré un
pouvoir presque absolu; mais au point de vue de l'histoire, c'est toujours d'après la nature du droit attribué
à l'Etat ou au souverain sur la mine qu'on reconnaît
l'esprit d'une législation. A ce point de vue, les prérogatives royales ne furent jamais rattachées qu'à la souveraineté (comme nous l'ont déjà montré les termes de
l'ordonnance de Charles VI), ou à une règle de haute

police. C'est là l'opinion des anciens jurisconsultes :
Merlin, Hervé et Guy Coquille. « Il est de l'ordre de la
police, dit Domat, que le souverain ait sur les mines
un droit indépendant de celui des propriétaires des lieux
où elles se trouvent » (1), et Lefebvre de la Planche
ajoute que le droit du dixième « forme le prix de la
protection et des secours qu'il (le roi) donne à l'exploitation, et la reconnaissance de sa seigneurie souveraine » (2).

Quoi qu'il en soit, et ainsi que le constate Regnault
d'Epercy dans son rapport à l'assemblée constituante,
la versatilité des lois de l'ancien régime avait considérablement ralenti les progrès de l'industrie extractive.
Nous nous étions laissés devancer dans cette voie par
les peuples voisins.

CHAPITRE VI

LÉGISLATION MINIÈRE DES PRINCIPAUX ÉTATS
PENDANT LA PREMIÈRE PÉRIODE (3)

En Angleterre, les mines furent soumises au régime
du droit régalien depuis Guillaume le Conquérant jusqu'au règne de la reine Anne, c'est-à-dire jusqu'à la fin
du XVIIe siècle. Le droit d'entamer la surface du sol
s'appelle encore *royalty*, et ce mot suffit à montrer que
ce droit émanait originairement du souverain.

Primitivement, en Allemagne, vers l'an 1100, le sys-

---

(1) *Droit public*, I, ch. II, liv. 2.

(2) *Traité du domaine*, III, p. 35.

(3) V. Jars, *Voyages métallurgiques*, t. III, p. 440.

tème de l'occupation paraît avoir dominé; c'est du moins ce qui semble résulter des coutumes de cette époque, des codes d'Iglau, de Freyberg, de Schemnitz, de Massa (1). La mine était acquise à la priorité de la demande et avait une étendue déterminée ; l'obligation d'exploiter était rigoureusement exigée, et l'interruption des travaux entraînait la perte des droits dont pouvaient se prévaloir les tiers. Mais les prétentions impériales et la suzeraineté féodale ne tardèrent pas à se faire jour et à placer peu à peu les mines sous leur dépendance. La voie, frayée à cet égard par Henri IV, par Henri VI en 1189, par Wenceslas VI, roi de Bohême, en 1295, fut suivie par les rédacteurs de la Bulle d'Or de 1356, qui consacra les revendications des princes à cet égard. Si la règle posée par les coutumes primitives semble subsister encore (2), avec Louis le Riche, duc de Bavière, en 1463, avec Ferdinand Ier, dans sa constitution de Joachimsthal, publiée en 1548, enfin avec Marie-Thérèse, en 1747, et Joseph II, en 1781, la mainmise du pouvoir se fit rudement sentir. Frédéric II, roi de Prusse, avait lui-même rendu, en 1772, une ordonnance célèbre divisée en 88 chapitres, où il pose en même temps les principes de la législation spéciale et en fait des applications aux détails les plus minutieux de l'administration (3). Tous ces documents s'accordent à déclarer le souverain seul proprié-

---

(1) Aguillon, *Législation des mines françaises et étrangères*, t. III, p. 27.

(2) Aguillon, *op. cit.*, t. III, p. 33.

(3) Héron de Villefosse, *op. cit.*, t. I.

taire des mines, et à lui reconnaître le pouvoir de transférer aux particuliers le droit de les exploiter, sous la direction de ses préposés, en même temps que sous la réserve de ses droits. Ils consacrent aussi le principe de la division de l'exploitation en un certain nombre d'actions, concédées aux particuliers à perpétuité ; ils reconnaissent enfin le danger d'abandonner les mines au caprice du propriétaire de la surface ou de l'exploitant.

Au contraire de l'Allemagne, la Russie, abandonnant les principes établis par Pierre-le-Grand, en 1718 (1), adopta le système de l'exploitation libre par les propriétaires fonciers. D'après l'ordonnance de 1782, complétée par l'ukase de 1794, « le droit de propriété s'étend sur les substances minérales que renferme le sol ; il est permis à chacun de chercher sur son propre terrain toutes espèces de métaux, de les exploiter, ou d'en céder l'exploitation à un autre ». Cette disposition, inspirée peut-être par la prédominance de la grande propriété, laissait subsister au profit du fisc le droit à des redevances relativement élevées.

---

(1) Delebecque, *op. cit.*, t. I, n. 243 et suiv.

LIVRE II

DROIT INTERMÉDIAIRE. — DE 1791 A 1810

Dans l'œuvre immense de reconstitution sociale et de réforme législative entreprise par la Révolution, le régime légal des mines ne fut pas oublié. « La nécessité d'une loi invariable » s'était fait sentir (1), on travailla tout d'abord à la rédiger. Pour atteindre ce but, l'Assemblée Constituante avait invité quatre de ses comités, ceux de constitution, de finances, de commerce et des domaines, à se réunir pour préparer un projet de loi. Le 20 mars 1791, Regnault d'Epercy, au nom de ces comités, présenta à l'Assemblée un projet de décret. La question primordiale qu'il était nécessaire de résoudre était celle de la propriété des mines. Elle se présente à notre époque d'une façon très nette. La loi du 28 juillet 1791 est en effet surtout intéressante par les discussions animées auxquelles donna lieu sa préparation; pour la première fois, les différents systèmes sur la propriété minière se trouvent en présence. Le mouvement économique qui se produisit au xviii⁰ siècle avait aussi contribué à faire naître cette controverse.

____

(1) V. dans les cahiers de 1789, doléances du district de Belfort, *Arch. parlement.*, II, p. 318.

Nous examinerons successivement quelles étaient les théories qui se disputaient la préférence du législateur de 1791 ; et, en en faisant la critique, nous verrons ce qu'elles sont devenues jusqu'à nos jours. Nous rechercherons enfin quel système adopta la loi et comment il doit être apprécié.

§ 1

Le premier système et le plus ancien, celui qui se présenta le plus naturellement à l'esprit de l'assemblée, fut celui de l'accession. La série de restrictions au droit du propriétaire, arbitrairement établies par l'ancien régime, devait, disait-on, disparaître avec lui ; elle n'avait plus aucune raison d'être sous un régime qui proclamait hautement les droits de l'homme et du citoyen (1). Cette théorie avait été originairement admise par le Droit romain ; adoptée par Quesnay et l'École des physiocrates, elle avait en outre obtenu le suffrage de Merlin, qui écrira plus tard que l'opinion contraire n'était qu'une interprétation erronée des lois romaines (2). Adam Smith, sans cependant adopter une opinion bien précise, semble vouloir se ranger du côté du même système ; il reconnaît que certaines mines ne peuvent être plus avantageusement exploitées que par le superficiaire, et que le droit concédé à l'inventeur, dans certaines législations, est une véritable atteinte

______

(1) Nous trouvons dans les cahiers de 1789 le vœu suivant : La noblesse de Riom demande que les mines, autres que celles d'or et d'argent, soient déclarées appartenir aux propriétaires des fonds dans lesquels elles sont situées. *Archives parlementaires*, t. V, p. 566.

(2) *Répertoire*, t. XI, p. 45. *Recueil des questions de droit, vº Mines*, § I.

aux droits sacrés de la propriété privée (1). Ce système fut défendu au sein de l'Assemblée par les députés Saint-Martin, Heurtaut-Lamerville et de Landine; ce dernier déclarait, le 21 mars 1791, « qu'il ne trahirait point la juste cause des cultivateurs et que le principe devait être promulgué en faveur de la propriété » (2). Le système de l'accession s'est encore affirmé dans la suite, en se prévalant des principes nouveaux établis par le Code civil; et, pour ne pas compter à l'heure actuelle un grand nombre d'adhérents, il n'est pas néanmoins tout à fait abandonné (3).

La solution proposée, d'après laquelle les substances minérales appartiendraient par droit d'accession aux propriétaires de la surface, constitue, disait-on alors et répète-t-on aujourd'hui, le moyen le plus simple, le plus naturel, de trancher le débat qui s'est élevé sur l'attribution de la propriété des mines. Enlever au superficiaire le droit sur le tréfonds constitue un attentat à la propriété et à la liberté des individus. Le droit qui sera créé au profit du concessionnaire ne sera jamais, au surplus, qu'une pure abstraction; quoi qu'on fasse, il est impossible de ne pas tenir compte de l'étroite connexité qui rattache le tréfonds à la surface. Si l'on admet d'ailleurs que le meilleur régime légal des mines

---

(1) *OEuvres*, t. I, p. 211 et 220.

(2) *Archives parlementaires*, 1re série, t. XXIV, p. 137 et suiv.

(3) V. de Récy, *De la propriété des mines* (*Revue des Deux-Mondes*, 1 et 15 décembre 1889). — Le Play semble admettre que les propriétaires fonciers doivent exploiter librement leur territoire et que le régime des concessions ne doit être appliqué que si l'intérêt public l'exige. — V. *La Réforme sociale*, 6e éd., t. II, p. 276 et suiv.

est celui qui assure dans la plus large mesure la prospérité de l'industrie, la base de ce régime doit nécessairement être la propriété privée; non pas une propriété factice, mal définie et dépendante, mais le droit complet, souverain et irrévocable qui forme la base de toute bonne législation, et qui, par le fait seul qu'il est un des fondements de la société, est tout naturellement restreint par les exigences du maintien de cette société, de sa sécurité et de son ordre. Si l'idée la plus simple est en général la plus juste, on doit attribuer la propriété de la mine à celui sur le domaine duquel elle doit déboucher un jour ou l'autre, qui en possède déjà toutes les avenues, qui peut la découvrir peut-être par l'effet du hasard. Le prétendant légitime est le propriétaire du sol; il suffit de lui laisser les mains libres pour résoudre la question (1).

On ne peut mieux comparer la solution, proposée par la théorie de l'accession, qu'à la réponse qui aurait été dégagée d'un problème géométrique, sans construction aucune, sans l'introduction d'éléments étrangers, à l'aide seule des données fournies et d'un postulat généralement accepté. Quoi qu'il en soit, on lui fait plusieurs objections qui, réunies, en constituent la critique et que nous allons résumer.

Ce système peut être apprécié au point de vue du droit pur et au point de vue de l'économie politique; et, sous l'un comme sous l'autre aspect, il ne peut se justifier. Et, par rapport au droit, tout d'abord, il convient de précise

---

(1) Cons. Discussions de la Société d'économie politique, *Journal des Economistes*, octobre 1863.

le sens spécial qu'on attribue ici au mot accession. Il
ne s'agit plus, certainement, comme dans les cas ordinaires, d'une chose d'importance secondaire, acquise
comme conséquence de son incorporation à une chose
principale déjà appropriée (1). Les mines, en effet, ont
une existence aussi ancienne que la superficie; le tréfonds minéral était autrefois où il se trouve aujour-
d'hui; et fréquemment, c'est la surface qui peut être
regardée comme l'accessoire des mines, véritable trésor souvent inépuisable. On se trouve donc en présence
de deux sortes de biens, ayant toujours coexisté, et
d'une valeur sensiblement égale. Dès lors, dire dans la
théorie que nous examinons que le tréfonds appartient
au superficiaire par droit d'accession, c'est dire que le
premier occupant de la surface a été le premier occupant du sous-sol. Or, il n'est pas démontré qu'au jour
où il occupa cette portion de la superficie qui était *res
nullius*, l'homme ait eu l'intention d'affirmer son droit
sur cet autre *res nullius* qui était le tréfonds. Le travail de l'homme n'entre du reste pour rien dans la formation des masses métallurgiques qui se présentent à
lui à titre de richesses, de trésors naturels, qu'il doit
seulement extraire et approprier à ses besoins. A ceux
qui diraient que ce même travail n'a pas non plus contribué à la formation de la terre, on peut répondre que
celle-ci ne produit que si l'homme, par son action directe et toujours répétée, met en œuvre les forces de la
nature et les applique au but qu'il poursuit. Un autre
argument plus sérieux, en faveur de l'accession, est

______

(1) Art. 551 C. civ.

celui qui a été présenté par Dunoyer (1), et qui est tiré du principe, renfermé dans cette vieille maxime : *Cujus est solum, hujus est usque ad cœlum et usque ad inferos.* Si on n'admet pas ce système, comment limiter la profondeur de la propriété superficiaire ? Fixera-t-on cette limite à un mètre, à deux mètres au-dessous de la superficie ? A cela on a répliqué que le propriétaire de la surface avait toute la profondeur nécessaire à la culture; si la mine affleure tellement que son exploitation doive rendre la culture impossible ou infructueuse, réparation sera due pour le préjudice ainsi causé.

Sans préconiser l'introduction dans nos lois du système de l'accession, il est impossible de ne pas reconnaître que les raisons juridiques qui le font généralement écarter ne sont point de celles qui défient toute controverse. On a dû chercher pour les découvrir. Bien plus, elles ne se sont peut-être présentées qu'à titre d'appoint, alors que des motifs d'utilité pratique avaient déjà suffi (2). C'est ce que reconnaissent, au surplus, les partisans et les adversaires de cette théorie, en nous disant qu'elle serait la meilleure, s'il s'agissait de légi-

---

(1) *Journal des Economistes,* 1ʳᵉ série, III, p. 134.

(2) M. Dufour dit très bien : « L'idée que la propriété des mines se distingue de la propriété du sol et est étrangère à celui qui la possède, ne s'est fait jour qu'en suivant la marche la plus pénible et la plus lente. Cette idée rencontrait et heurtait violemment les croyances fondées sur les lois civiles, qui ont pour objet la propriété du sol, dont la sagesse se mesure par le respect et les garanties dont elles l'entourent, et qu'on s'accoutume à regarder comme la plus complète et la plus sûre expression de tous les droits », *Traité général de Droit administratif,* 3ᵉ éd., VI, p. 555.

férer pour les besoins de Salente (1), et qu'il eût été bizarre de voir une organisation de la propriété minérale, où l'économie politique signale le germe des conséquences les plus dangereuses pour la richesse publique, trouver sa justification dans le droit naturel (2).

Quels sont donc les inconvénients économiques de cette théorie? Ils peuvent se diviser en deux catégories. Dans la première, on oppose à l'importance et aux exigences des industries extractives, ce que Mirabeau appelait les chances nombreuses de la paresse, de l'ignorance et de la faiblesse des moyens des propriétaires. On insiste, dans la seconde, sur l'incompatibilité absolue et insurmontable, existant entre le morcellement du sol à la surface, et l'unité d'entreprise pour le tréfonds sur une vaste échelle. « Quant à la surface, dit Mirabeau, l'intérêt de la société est que les propriétés soient divisées; dans l'intérieur, il faudrait au contraire les réunir, et d'ailleurs les mines, par leur nature irrégulière, ne sont point susceptibles d'un partage » (3). D'autres auteurs plus modernes ajoutent que les mines ne peuvent être exploitées avec avantage « que pour autant qu'elles soient traitées en masse ou dans des sections d'une certaine étendue, abstraction faite des limites de la surface (4), » et que ce sont « des biens dont on se prive, quand on ne veut pas, ou quand on ne

---

(1) De Récy, *op. cit.*

(2) Dalloz, *De la propriété des mines*, I.

(3) 1er Discours sur les mines. Séance du 21 mars 1791.

(4) Jousselin, *Traité des servitudes d'utilité publique.*

peut pas les utiliser dans leur ensemble » (1). Nous pourrions multiplier les citations émanant, soit d'économistes, soit de géologues ou d'ingénieurs : toutes confirmeraient la gravité de l'objection. Les partisans de cette théorie l'ont si bien compris, qu'alors comme aujourd'hui, ils ont proposé divers moyens pour essayer d'y remédier. Celui sur lequel on a le plus insisté est la création d'associations syndicales. Mais, outre qu'il ne faut employer ce remède qu'à la dernière extrémité et pour des travaux temporaires, comme l'ont fait les lois des 21 juin 1865 et 27 avril 1838, on n'a pas remarqué que les inconvénients résultant de la division des propriétés, se trouvent ainsi remplacés par des inconvénients pratiques d'une nature différente (2). Dans quel cas en effet pourra-t-on procéder à l'ouverture d'une mine ? Si le consentement unanime des associés est requis, le mauvais vouloir d'un seul suffira pour paralyser l'entreprise ; si l'assentiment de la majorité suffit, il y aura dans cette association, imposée aux dissidents, une violation brutale de leurs droits que rien ne justifie dans un système qui repose sur le respect de la propriété individuelle. En outre, comment les bénéfices seront-ils répartis ? Se conformera-t-on à l'étendue des divers terrains occupés pour l'exploitation, ou accordera-t-on à chacun les produits extraits au-dessous de son champ ? Dans le premier cas, il y aura préjudice pour le propriétaire dont le tréfonds est riche en matières minérales ; dans le second, il y aura des

----

(1) Héron de Villefosse, *Richesse minérale*, t. I.
(2) Dupont, *Traité de la jurisprudence des mines*, t. I, p. 4.

associés qui seront exclus de toute participation au profit. Une association qui repose sur des bases aussi fragiles constitue un palliatif à peu près illusoire et qui doit faire abandonner dans son entier le système de l'accession.

L'ensemble des motifs exposés ci-dessus n'avait point échappé à l'esprit clairvoyant de Mirabeau (1). Ils lui fournirent une arme qui lui permit, après avoir combattu l'influence de cette théorie sur l'assemblée nationale, d'attaquer une autre opinion qui y comptait aussi des représentants.

§ II

La discussion, au sein de l'assemblée nationale, porta moins sur le système de l'occupation que sur la théorie de l'accession. Mais cette idée avait eu pour défenseur Turgot, ce qui suffisait à lui assurer une importance toute particulière. Le célèbre économiste avait déjà en effet exposé ses idées dans un « Mémoire sur les mines et carrières », rédigé alors qu'il était intendant de Limoges, pour éclairer l'avis que lui demandait le Conseil d'Etat sur la concession à faire d'une mine de plomb découverte dans la paroisse de Glanges. Beaucoup s'accordent à compter cette dissertation au nombre de ses meilleurs écrits (2).

Deux points de vue doivent, d'après Turgot, diriger le législateur dans les règles qu'il édicte sur l'exploita-

---

(1) *Archives Parlementaires*, t. XXIV, p. 247 et suiv.

(2) Mémoire sur les mines et carrières. *OEuvres*, t. II, p. 134.

tion des mines : par rapport à l'intérêt des particuliers, la considération du droit naturel ; et par rapport à l'intérêt de l'Etat, le désir de procurer l'exploitation la plus abondante et la plus fructueuse.

Si l'on examine tout d'abord, suivant l'expression de l'auteur, la jurisprudence des mines relativement aux principes du droit naturel, on voit que, si le droit de fouiller la terre dans son champ est une suite inséparable de la propriété, le droit d'empêcher les autres d'y fouiller est une conséquence immédiate de cette propriété. Tout serait dit, si l'on ne pouvait parvenir aux matières souterraines sans ouvrir la superficie du terrain qui les recouvre ; mais lorsqu'un homme a creusé un puits dans son sol, quelque chose l'empêche-t-il de continuer l'extraction, en poussant des galeries sous le terrain d'autrui ? Le propriétaire de la surface peut-il d'abord s'y opposer ? Turgot adopte la négative, car le superficiaire ne peut se dire propriétaire du tréfonds, s'il n'a en même temps le pouvoir d'en conserver l'usage à l'exclusion de tout autre. Ce pouvoir ne pourrait exister que par l'emploi de la force de la part du superficiaire, ou par la garantie de la loi. Or, le superficiaire ne peut s'opposer par lui-même à une entreprise dont rien ne l'instruit et qui ne lui fait ni bien ni mal ; et d'autre part, la garantie légale ne peut s'étendre à la possession des substances minérales, car la raison juridique tirée de l'occupation de ces substances par le superficiaire et le motif d'équité qui a fait assurer aux premiers cultivateurs le fruit de leurs travaux, font également défaut. S'il n'existe pas d'obstacle de la part du propriétaire du fonds, peut-il en survenir de la part de l'Etat? On ne pourrait l'affirmer qu'en reconnaissant que ces matières lui appartiennent et font partie de son domaine. Considéré comme tel, l'Etat ne peut être regardé comme propriétaire du tréfonds minéral, envisagé lui-même d'une manière générale et absolue; car, d'une part, il ne peut parvenir à l'objet prétendu de son droit sans passer par la superficie et porter, par là même, atteinte à la propriété individuelle; et, d'autre part, lui reconnaître ce droit serait exclure la faculté qu'a le propriétaire de faire des fouilles dans son terrain, faculté qui est un accessoire du droit de propriété. Comme conclusion, « les matières souterraines n'appartiennent à personne jusqu'à ce que le tréfonds soit fouillé; celui qui entreprend de les extraire s'en empare au titre de son travail, comme premier occupant, et le propriétaire du sol qui fouille dans son terrain n'a pas d'autre droit ». Ce droit de propriété qui appartient au premier occupant est limité par la nécessité de respecter la propriété superficiaire. Il ne porte que sur les ouvrages souterrains et les matériaux extraits, principe qui suffit à trancher les contestations des mineurs dont les travaux se rencontrent. La propriété de la mine n'entraîne point d'ailleurs le droit de forcer le propriétaire du sol à permettre les ouvertures nécessaires pour en continuer l'exploitation.

Après avoir posé les principes du droit naturel qui doivent former la base de la réglementation des mines, Turgot se demande si on doit les modifier ou en restreindre la portée dans l'intérêt de l'État. Si l'on envisage d'abord cet intérêt au point de vue fiscal, on se convaincra, l'histoire en fournit des preuves, que l'Etat

n'a point d'avantage à s'attribuer la propriété des mines, soit pour les exploiter lui-même, soit pour le faire
faire par autrui et en son nom. Une sorte de dîme,
levée à titre d'impôt, peut augmenter les ressources de
l'État et alors les règles précédemment exposées sur
la propriété des mines restent entières. Mais cette
première objection une fois écartée, une autre se présente, tirée de l'intérêt incontestable qu'a l'État à ce
que les mines soient mises en valeur et exploitées de
la manière la plus avantageuse; or, on prétend que la
liberté, laissée à tout propriétaire d'ouvrir son terrain
à l'exclusion de tout autre, est incompatible avec l'exploitation fructueuse de ce genre de richesses. Il faut,
dit-on, que l'État soit propriétaire des mines, non dans
l'intérêt du Trésor, mais dans l'intérêt public. Ayant le
droit de disposition, il créera des concessions d'une
certaine étendue, bien préférables aux petites exploitations irrégulières que chaque propriétaire pourrait établir sur son terrain, et qui assureront aux entrepreneurs, avec la garantie de la loi, le fruit de leurs
dépenses et la récompense de leurs travaux. Turgot ne
trouve point encore ces raisons convaincantes; « elles
ne sont, dit-il, que le langage du monopole, et ressem-
blent à celles que l'on entend journellement en faveur
des privilèges exclusifs ». Bien loin que les concessions
exclusives soient nécessaires pour exciter les entreprises en assurant aux entrepreneurs la rentrée et le
bénéfice de leurs avances, elles leur donnent moins de
sûreté qu'ils n'en auraient dans le système de la liberté
générale. Il n'y a pas à craindre que les propriétaires
du sol mettent obstacle à l'établissement des ouvertures

nécessaires á l'exploitation; si le possesseur de la mine ne s'entend pas avec l'un, il pourra traiter avec l'autre; il faut les laisser s'entendre à l'amiable. Quant aux inconvénients qui peuvent résulter de la multiplicité et de l'irrégularité des petites exploitations, outre qu'il n'y a là que l'exercice de la faculté qui appartient à chacun de faire des fouilles dans son terrain, ils sont largement compensés par ce fait que ces travaux, peu étendus et entrepris un peu partout, facilitent les recherches, les travaux d'établissement d'entreprises plus considérables, et empêchent l'accaparement concerté entre grandes exploitations.

Turgot, après avoir cité quelques exemples de mines exploitées conformément au système qu'il préconise, examine brièvement la théorie qui fait du propriétaire de la surface le propriétaire du tréfonds minéral; mais il l'examine à un point de vue spécial. Il reconnaît que, d'après les principes du droit naturel, la propriété du dessus n'entraîne pas celle du dessous; il recherche seulement si une disposition du droit positif qui ferait de l'une la dépendance de l'autre, ne présenterait pas quelque utilité. Or, d'après lui, elle serait non seulement inutile mais encore pleine d'inconvénients : inutile, parce que la société n'a aucun avantage à ce qu'il y ait un homme intéressé à l'exploitation perpétuelle de la mine, il suffit que quelqu'un soit poussé à s'assurer par son travail la propriété des veines métalliques; dangereuse, car elle découragerait les entrepreneurs et créerait entre eux et les propriétaires une source intarissable de différends.

Turgot termine son mémoire par l'examen de la

question suivante : l'exploitation des mines doit-elle être soumise à une taxe ou être absolument libre ? Il conclut dans ce dernier sens, en prenant pour point de départ sa théorie de l'impôt. Tout impôt qui nuit à l'augmentation de la richesse des sujets est plus nuisible qu'utile au prince et doit être supprimé. L'impôt le plus utile est celui qui ne porte que sur un produit entièrement disponible, dont le prince peut prélever sa portion sans rien déranger à l'ordre des dépenses reproductives, sans intéresser les travaux de l'agriculture et de l'industrie, sans entamer les profits du cultivateur, du manufacturier et du commerçant. Le revenu net des biens fonds, telle doit être la base de l'impôt. Le travail, envisagé dans toutes ses branches, est l'unique cause qui sollicite la production de toute richesse ; toute imposition qui entame le profit de celui qui travaille, diminue les motifs de travail et tend par là même à la diminution des richesses ; elle doit être écartée pour les industries extractives comme pour toutes les autres. L'impôt du dixième est particulièrement dangereux à cause de son caractère trop absolu (1).

Nous avons un peu insisté sur la dissertation de Turgot, parce qu'elle constitue le premier monument de littérature juridique où les principes de la législation des mines soient étudiés d'une façon spéciale et à peu près complète ; c'est à peine si quelques-uns de nos

______

(1) « Turgot voulait, dit M. Batbie, que la propriété fût consacrée dans toutes ses conséquences et qu'on n'exigeât d'elle que les sacrifices absolument indispensables ». *Turgot philosophe, économiste et administrateur*, p. 181.

anciens auteurs font parfois allusion à la question, et Pothier, dans son *Traité de la propriété,* n'en a pas dit un mot. Turgot a inauguré la méthode vraiment propre à l'examen du sujet qu'il traite : il examine successivement au point de vue du droit pur et de l'économie politique, cette matière où, plus que partout ailleurs, le juste et l'utile sont inséparables. Au point de vue du droit, on ne saurait méconnaître que Turgot a pris pour point de départ de sa théorie deux idées incontestablement vraies : c'est que les mines sont *res nullius*, et que le fondement de toute propriété est la liberté, l'indépendance de l'activité humaine, se traduisant dans les faits par l'occupation et le travail. Pourquoi l'occupation ne s'appliquerait-elle pas à la propriété minérale comme à la propriété superficiaire ? L'inventeur d'une mine, comme le premier occupant de la surface, n'a fait que déployer sa libre activité ; il doit donc profiter, comme le second, du fruit de son travail et de sa découverte ; bien plus, son travail et ses recherches auront été souvent plus considérables et plus difficiles. Mais la situation des mines est loin d'être la même que celle du sol. C'est là ce qu'a trop méconnu Turgot, et c'est pour cette cause que les principes d'utilité bien entendue et aussi de justice nous enseignent que les mines doivent être soumises à un régime spécial. Quels seront les rapports de l'inventeur et du propriétaire de la superficie ? Comment concilier les droits de plusieurs inventeurs qui se trouvent en conflit ? Les difficultés apparaissent aussitôt. Pour répondre à la première question, Turgot est obligé de grever la mine d'une servitude naturelle au profit de la surface, et de supposer gratuitement que l'accord finira toujours par s'établir entre les propriétaires de l'une et de l'autre. Dans le but de donner une solution à la seconde, il est forcé d'admettre d'une façon hypothétique que les difficultés inhérentes à ce genre d'entreprise détourneront le plus grand nombre de ceux qui voudraient s'y hasarder, et diminueront par là-même le nombre des conflits. C'est ce caractère peu pratique du système proposé par Turgot qu'entrevoyait Mirabeau, lorsqu'il disait (1) : « Il ferait de nos mines un labyrinthe inextricable. Ce genre de conquête au milieu de l'état social laisserait les mines au hasard, ne permettrait pas même d'accorder la préférence au propriétaire du sol, offrirait un combat perpétuel entre les mineurs, et serait une source intarissable de querelles... on n'aura bientôt d'autres mines que des mines de procès ».

Cette sorte d'infériorité que présente le système de l'occupation n'a pas diminué, tout au contraire, le nombre de ses partisans ; et si on l'a traité de « principe purement abstrait et spéculatif » (2), nous sommes forcé de reconnaître qu'il n'en est pas beaucoup en faveur de qui une campagne plus persistante ait été menée. Outre que nous le verrons prédominer dans presque tous les projets de loi de l'époque contemporaine, où on le traite avec respect de « conception démocratique et sociale » (3), il a recueilli le suffrage de deux hommes éminents. Thiers déclare que « le fonds,

---

(1) Arch. parl., *loc. cit.*

(2) Delebecque, *op. cit.*, t. I, p. 8.

(3) Projet Wickersheimer.

pouvant devenir le théâtre d'un nouveau travail, devient le théâtre d'une nouvelle propriété, et que, sous la surface qui appartient au laboureur, se forme une autre possession qui appartient au mineur » (1). Plus récemment, le savant Bluntschli l'a consacré dans la rédaction du Code civil de Zurich (2). Mais ces adhésions ne prouvent rien contre un fait, sur lequel nous reviendrons, et qui montre combien cette théorie a peu de chances d'être adoptée dans la pratique générale. C'est que, dans les législations dont elle est restée l'inspiratrice, elle tend à s'éloigner de plus en plus du type primitif selon lequel l'avait conçue Turgot ; et, par la combinaison d'éléments divers, à se rapprocher des autres systèmes, principalement de ceux de la domanialité et du droit régalien.

Quoi qu'il en soit, le système de l'occupation n'avait alors recueilli qu'un très petit nombre d'adhésions au sein de l'Assemblée constituante. Il y fut promptement battu en brèche. La lutte restait circonscrite entre la théorie de l'accession, précédemment examinée, et l'opinion de ceux qui mettaient les mines « à la disposition de la nation ».

§ III

C'est l'opinion de Mirabeau qui prévalut et passa dans la loi (3). Telle qu'elle se dégage des discussions de l'Assemblée, elle semble diamétralement opposée à la

---

(1) Thiers, *De la propriété*, liv. I, p. 93 et suiv.

(2) Code civil de Zurich, l. II, sect. V, ch. III, § 685.

(3) *Archives parlementaires*, t. XXIV, p. 411 et suiv.

théorie de l'accession ; mais si on les examine toutes les deux au point de vue pratique, on voit qu'elles aboutissaient à peu près aux mêmes conséquences. Les partisans de l'accession, dont Heurtaut-Lamerville s'était fait le porte-parole dans le contre-projet qu'il présenta à l'Assemblée, affirmaient que les mines et minières « font partie de la propriété foncière et individuelle des citoyens » ; mais ils reconnaissaient que la société ne pouvait être laissée, pour une exploitation aussi indispensable à ses besoins industriels, à la discrétion des propriétaires du sol ; et ils admettaient comme correctif que l'Etat, à défaut d'extraction par les propriétaires, procédât à une concession en faveur de tiers. Les mines sont à la disposition de la nation, répliquaient leurs adversaires ; mais, ajoutaient-ils, si les propriétaires de la superficie les exploitent, l'intérêt public sera satisfait, et l'Etat n'aura plus à intervenir. On bataillait donc surtout sur des abstractions et des mots, ainsi que le constatait de Landine, « par désir d'avoir une constitution uniforme dans ses principes, faisant découler d'un petit nombre de sources constitutionnelles, tout ce qui doit s'appliquer à la législation » (1).

La doctrine de Mirabeau n'est pas complètement développée ; n'ayant pas eu de contradicteurs sur plusieurs points, il n'a pas eu à s'en expliquer. Il n'admet pas, il l'explique très clairement, que les mines appartiennent aux propriétaires du sol. Après avoir invoqué les motifs tirés du défaut de garantie sociale et de la nécessité d'unité d'entreprise quant au tréfonds, il ter-

____

(1) *Arch. parl,, loc. cit.*

mine en disant : « Que la législation qui admettrait deux sortes de propriétés comme accessoires l'une de l'autre, et dont l'une serait inutile par cela seul qu'elle aurait l'autre pour base et pour mesure, serait absurde ». Mais Mirabeau se défend aussi de considérer les mines comme des propriétés de l'Etat. Il est impossible, selon lui, d'interpréter cette maxime que les mines sont à la disposition de la nation, dans le sens que l'Etat peut les vendre, les faire administrer pour son compte, les régir à l'instar de biens domaniaux ou les concéder arbitrairement. Sa théorie, comme il le dit, a de tout autres bases, un point de départ différent : « Elle est fondée sur ce principe que la nation a droit à l'exploitation des mines ; qu'ayant le plus grand intérêt à cette exploitation, elle a le droit qu'elle se fasse bien, et qu'elle doit prendre par conséquent des mesures pour ne pas courir sur cet objet, devenu de première nécessité, toutes les chances de la négligence et du hasard ». Mais les restrictions se présentent aussitôt, toutes inspirées par le désir d'éviter qu'une atteinte trop grave ne soit portée à ce droit de propriété qui a déjà été déclaré inviolable et sacré. Comme la nation ne peut concéder les mines qu'en vertu de son droit à l'exploitation, il s'ensuit : 1° que le propriétaire qui exploite doit être maintenu en possession, car l'intérêt public est alors satisfait ; 2° que le propriétaire qui veut exploiter doit être préféré, car c'est lui qui est en quelque sorte débiteur envers la société de l'exploitation de la mine qui est à sa portée ; 3° qu'il est inutile de concéder les mines dont l'exploitation est facile, qui sont peu profondes et par couches horizontales, car pour ces mines la nation doit s'en rapporter à l'intérêt du propriétaire, et l'on n'a pas besoin de provoquer ce qui est facile à exécuter.

§ IV

Si la constituante a adopté les idées de Mirabeau sur la matière qui nous occupe, elle lui a aussi emprunté sa formule ; elle a inscrit au frontispice de la loi du 28 juillet 1791 que les mines sont à la disposition de la nation. Certains auteurs, en prenant cette formule au pied de la lettre, ont écrit que la Révolution avait tout voulu donner au peuple, comme l'ancien régime voulait tout donner au roi ; et qu'en ceci, comme en toute autre chose, c'était la même extension abusive des principes de la souveraineté dont on ne faisait que déplacer le siège (1). Dans cette loi, comme dans beaucoup d'autres, il y a loin de la formule à l'application. Si, au lieu de juger de l'esprit de la loi par la belle déclaration de principe inscrite en tête et par quelques dispositions isolées, on l'apprécie dans son ensemble, il est facile de se rendre compte qu'elle ne s'est pas, avant tout, montrée soucieuse des droits de l'Etat. Le contraire serait plutôt vrai. Si la nation a droit à l'exploitation, c'est le propriétaire du sol qui en est débiteur vis-à-vis de la société. Telle est la formule qui conduit à reconnaître à celui-ci, d'une manière tacite, un droit sur les substances minérales ; et telle paraît avoir été l'intention de l'Assemblée constituante, car le système qu'elle a constitué favorise particulièrement le superficiaire. Quels

---

(1) Dunoyer, *loc. cit.*, p. 134.

sont en effet les droits de l'Etat ? Il peut provoquer la
mise en valeur, mettre les propriétaires du sol en de_
meure et, sur leur refus, procéder à une concession(1).
Il peut encore entretenir l'activité de l'extraction, par
la liberté qui lui est laissée de prononcer le retrait de la
concession ou de la permission, dans le cas d'interruption ou de cessation de travail pendant une année, sans
motif légitime (2). Tous les droits de l'Etat sont là :
dès que l'exploitation a lieu, la société est satisfaite et
il n'y a plus à intervenir.

En regard, quels sont les droits du propriétaire du
sol ? A eux appartient exclusivement le droit d'exploiter,
ou à tranchée ouverte, ou avec fosses et lumière jusqu'à
cent pieds de profondeur (3). Puis ils ont la préférence
et la liberté d'exploiter les mines qui pourraient se
trcuver dans leur fonds, et la permission ne peut leur
en être refusée (4). Afin d'assurer ce droit de préférence, la loi exige qu'avant d'accorder une concession
à un tiers, « on provoque les explications du propriétaire, et qu'on le mette en demeure d'extraire les substances minérales » (5).

Mais tout n'est pas là. Le propriétaire du sol, incertain sur les chances de l'entreprise, reculant devant les
difficultés de la tâche ou les risques à courir, n'a pas
pris l'initiative de l'exploitation. Mis en demeure, il a

---

(1) Art. 10 et 14, loi de 1791.
(2) Art. 15.
(3) Art. 1er.
(4) Art. 3.
(5) Art. 10.

laissé accorder la concession à un tiers. Dans la suite, l'entreprise réussissant, l'extraction étant fructueuse, le propriétaire se repent et regrette son inaction. Va-t-il être déchu à jamais ? Telles ne sont pas les dispositions de la loi. La concession n'a pu être faite pour plus de cinquante années ; à l'expiration de cette période, le superficiaire pourra de nouveau exercer ses droits et il a un privilège qui l'emporte même sur celui de l'ancien exploitant (1).

Quelques personnes n'ont vu, dans cette limitation de la concession, qu'une mesure ayant pour but de sauvegarder les droits de la nation, d'assurer à l'Etat le retour des mines. Mais elles n'ont pas réfléchi que si tel était l'esprit de la loi, elle eût dû également limiter l'exploitation par le propriétaire du sol, au lieu de lui assurer une durée indéfinie. Il n'en était rien ; et comme à la fin de la concession, l'Etat se trouvait dans l'impossibilité d'agir, qu'il était en présence de véritables droits de préférence, comme c'était le propriétaire du sol qui l'emportait, il faut bien reconnaître que c'est pour le favoriser, en considération de ses droits, que les concessions avaient une durée limitée. En fin de compte, la loi de 1791 conduisait à l'exploitation de toutes les mines riches par les propriétaires du sol, n'abandonnant aux autres concessionnaires que les risques des débuts ou le renouvellement des exploitations qui, par le peu de profit qui en résultait, n'avaient pas excité l'envie des superficiaires (2).

____

(1) Art. 19, *Ibid.*

(2) La loi de 1791 n'établit en principe aucune redevance annuelle au

Cette législation était destinée à conduire aux résultats pratiques les plus désastreux. « Si elle n'a pas permis de tout détruire, dira plus tard le rapporteur de la loi de 1838, c'est uniquement dû à ce que, à cette époque, les préoccupations étaient ailleurs et paralysaient les besoins de l'industrie ».

Elle avait, en effet, deux graves défauts. D'une part, elle accordait trop de droits aux propriétaires du sol, consacrait en définitive le système de l'accession, en augmentant même les vices inhérents à cette théorie; de là la naissance d'une foule de petites exploitations mal outillées, pourvues de capitaux insuffisants, et dirigées par des hommes peu expérimentés. Comme on le constatait en 1810, les propriétaires de la surface se bornaient à des travaux peu dispendieux, pour jouir promptement du minerai répandu à peu de profondeur, et, par des ouvrages mal entendus, ruinaient les exploitations futures. D'autre part, lorsque la loi prévoyait des concessions, elle accordait à ceux qui étaient destinés à en bénéficier des droits trop précaires, une jouissance trop limitée, pour attirer leurs efforts et leurs capitaux; elle interdisait toute prévision à longue

---

profit du superficiaire, et en cela elle s'éloigne plus que la loi de 1810 de la théorie de l'accession; elle ne lui accorde, outre son droit de préférence, qu'une indemnité du double de la valeur du terrain occupé lorsque des travaux sont exécutés à la surface (art. 21 et 22). La loi met si bien les droits de l'Etat au second plan, qu'elle est muette sur la redevance qui lui est due. Un avis du Conseil d'Etat du 8 thermidor an X concluait de ce silence que nul impôt ne pouvait être prélevé sur les concessions accordées jusqu'alors en vertu de la loi de 1791, mais décidait qu'à l'avenir une rétribution pourrait être imposée aux concessions nouvelles.

échéance et partant toute exploitation rationnelle, méthodique et économique. Dès lors, on peut dire avec Troplong que la constituante « préféra une sorte de transaction à une décision franche et précise; et que par là son ouvrage resta imparfait, et que la pratique ne tarda pas à en révéler les lacunes, les défectuosités et les inconvénients » (1).

Les dispositions de la loi du 28 juillet 1791 ne tardèrent pas à tomber en désuétude, et on fut obligé de faire face, par des mesures provisoires, aux nécessités du moment. Telle est l'origine de l'arrêté du Directoire du 3 nivôse an VI, qui obligeait, sous peine de déchéance, les héritiers, donataires et légataires d'un concessionnaire, à obtenir l'approbation du Gouvernement, en justifiant dans les six mois, devant l'administration, de leurs facultés pour continuer l'exploitation (2). Il convient d'y ajouter l'instruction du ministre Chaptal, publiée le 18 messidor an IX, véritable commentaire de la loi de 1791, destiné à en atténuer les défauts dans la mesure du possible.

Des demandes de réforme devaient nécessairement s'élever. Dès l'an IV, un représentant à la Convention, Poultier, proposa un nouveau projet de loi sur les mi-

____

(1) *De la législation des mines et de la part prise par Napoléon à la discussion de la loi des mines de 1810. — Revue de lég. et jurisprud.,* XVIII, p. 149.

(2) Cela tient à ce que, sous le régime de la loi de 1791, le concessionnaire ne devenait pas propriétaire de la mine; il n'avait que le droit d'en user, droit personnel, non susceptible de transmission, et avait dû justifier de sa capacité et de ses moyens au moment de la demande en concession.

nes, mais les événements politiques ne permirent pas
d'y donner suite.

Sous le premier empire, alors que l'on procédait à
une refonte générale de notre législation, une réforme
de la réglementation des mines avait plus de chances
d'aboutir. C'est ce que pensa Fourcroy lorsque, le
1er février 1806, il proposa, au nom du conseil d'Etat,
un projet de loi sur notre matière (1).

Ce projet, après une longue discussion qui dura de
1806 à 1810, est devenu la loi du 21 avril de la même
année qui forme le point de départ de la troisième et
dernière période de notre étude, la période moderne.

––––––––––––

(1) Locré, *Législation sur les mines*, p. 34.

LIVRE III

DROIT NOUVEAU. — DE 1810 A NOS JOURS

Notre intention n'est point de faire un commentaire complet de la législation française des mines durant cette troisième période. Outre les traités généraux qui existent sur la matière, ceux de Delebecque, Dalloz et Dupont, et ceux plus récents de MM. Aguillon et Féraud-Giraud, plusieurs points spéciaux de cette législation ont été particulièrement étudiés, par exemple les rapports de la propriété souterraine avec la propriété superficiaire, les principaux démembrements de la propriété minérale, le régime légal des sociétés de mines, etc. Notre code minier, comme celui de plusieurs autres pays, a pour base le droit régalien : nous voulons, à un moment où il est sans cesse question de remettre en discussion les idées qui ont formé le point le départ de cette réglementation, en dégager les principes essentiels, remonter aux sources mêmes, chercher dans les travaux préparatoires de nos lois le sens de leurs dispositions, en préciser la portée, donner en un mot une idée d'ensemble du régime légal des mines, tel qu'il résulte, soit de la loi de 1810, soit des quelques autres documents législatifs qui y ont apporté des modifications. L'examen des différentes théories, — excepté toutefois celles de l'accession et de l'occupation déjà étudiées dans la période précédente, — que l'on propose de substituer à la loi de 1810, trouvera naturellement sa place dans cette étude. Nous la complèterons par un aperçu sommaire sur quelques questions de législation ouvrière, se rattachant plus ou moins directement à la réglementation des industries extractives.. Nous terminerons par l'exposé de la législation actuelle des principaux états, et la comparaison que nous établirons entre elles nous dira quelles doivent être, pour le moment, les principes de la meilleure disposition de cette partie de la richesse nationale.

PREMIÈRE PARTIE

Régime légal des mines.

CHAPITRE PREMIER

LOI DU 21 AVRIL 1810

Les points de repère, pouvant servir à avoir une idée d'ensemble de la loi du 21 avril 1810, se rattachent aux objets suivants : 1° principe de la propriété des mines, objet, nature et caractères de cette propriété; 2° restrictions à la propriété des mines; 3° privilèges accordés aux concessionnaires pour la facilité de l'exploitation. Ils serviront de titres aux trois sections du présent chapitre.

SECTION I

PRINCIPE DE LA PROPRIÉTÉ MINÉRALE

Deux questions se posaient au législateur de 1810. A qui attribuerait-il les mines ? Au cas où elles seraient mises à la disposition de la nation, comment celle-ci en disposerait-elle ?

La loi du 21 avril 1810 a-t-elle consacré le système de l'accession, ou envisage-t-elle les mines avant la concession (1) comme étant des *res nullius* ?

----

(1) Nous disons *avant la concession*. C'est qu'en effet la loi de 1810,

Cette dernière opinion nous semble avoir prévalu, et c'est ce que nous allons tenter de démontrer, soit à l'aide des travaux préparatoires, soit à l'aide du texte de la loi lui-même.

Les travaux préparatoires de notre loi comprennent, conformément aux dispositions constitutionnelles de l'époque, deux sortes de discussions : celles que provoqua le Conseil d'Etat et celles qui eurent lieu devant le corps législatif. En ce qui concerne les premières, il semble difficile de ne pas avouer qu'elles sont contraires au système que nous soutenons (1).

En 1810, l'expérience était faite d'une façon très décisive. La loi de 1791 était condamnée et ses inconvénients présents aux yeux de tous. C'est ce qui fit soutenir aux conseillers d'Etat le principe de la propriété publique. Mais Napoléon ne partagea pas cet avis. Il cherchait avant tout à mettre la loi nouvelle en harmonie avec le code civil promulgué d'hier, à respecter le principe posé par l'art. 552 que la propriété du dessus emporte la propriété du dessous. Voici ce qu'il disait dans la séance du 21 octobre 1808 : « Il

---

très explicite en ce qui a trait aux mines concédées, ne s'occupe pas des mines non concédées, et c'est ce qui a donné lieu à une controverse des plus célèbres qui divise encore la doctrine et la jurisprudence. Ce silence est calculé, et la divergence des vues, qui se manifeste dès les premiers débats entre Napoléon et les membres de la Commission, en est la véritable cause. Après les vicissitudes sans nombre que dut traverser le projet de loi, l'on vit Bonaparte détourner la discussion du terrain des principes pour l'attirer sur celui de la pratique, et la rédaction qu'il proposa en dernier lieu ne s'occupe des mines qu'à partir de la concession.

(1) V. Troplong, art. précité, *Revue de législation*, XVIII, p. 150 et s.

faut d'abord poser clairement le principe que la mine fait partie de la propriété de la surface. On ajoutera que, cependant, elle ne peut être exploitée qu'en vertu d'un acte du souverain. La découverte d'une mine crée une propriété nouvelle; un acte de concession devient donc nécessaire pour que celui qui a fait la découverte puisse en profiter, et cet acte règlera aussi l'exploitation; mais comme le propriétaire de la surface a aussi des droits sur cette propriété nouvelle, l'acte doit aussi les liquider » (1).

Ainsi la pensée de Napoléon se résume dans les deux propositions suivantes : la mine fait partie de la propriété de la surface; l'acte de concession crée une propriété nouvelle. Il l'affirmera encore dans d'autres discussions au Conseil d'Etat. Ces paroles sont contradictoires. C'est en vain qu'on essaie de restreindre la contradiction aux termes et à démontrer que dans la pensée de l'empereur la propriété publique était l'idée dominante (2). Le contraire semble plutôt vraisemblable. Napoléon a affirmé d'une façon trop persistante le principe de l'art. 552, pour que le mot propriété nouvelle semble ensuite devoir l'emporter (3). Lorsque plus tard on discutera le caractère de la redevance, moyen destiné à mettre d'accord les droits du concessionnaire et du superficiaire, Napoléon exigera qu'elle soit sérieuse et qu'elle représente bien la valeur du tréfonds minéral (4). Le seul correctif que Napoléon ac-

---

(1) Locré, IX, p. 45.

(2) Fourcade-Prunet, *Des mines*, p. 72.

(3) Locré, *op. cit.*, p. 52, 244, 314; Troplong, p. 153 et 154.

(4) Locré, IX, p. 151.

corde au système de l'accession, c'est que l'Etat a, ici comme ailleurs, le droit d'expropriation sur la propriété souterraine (1).

Ces idées bien arrêtées de Napoléon sur le régime des mines ; ce fait qu'il était poussé tantôt à leur attribuer une portée excessive, dans le but de sauvegarder davantage le droit de propriété, tantôt à les restreindre, lorsqu'il rencontrait une difficulté d'ordre public ; l'influence qu'il exerçait dans les discussions législatives, expliquent suffisamment le caractère assez ambigu des travaux préparatoires émanés du conseil d'Etat, et les hésitations que l'on aperçoit dans le rapport de Regnaud de Saint-Jean-d'Angély (2). En fut-il de même au corps législatif ? Il est intéressant de le rechercher, car en définitive c'est le corps législatif qui a voté la loi. Or, voici ce que nous trouvons dans le rapport fait au nom du corps législatif par Stanislas de Girardin (3). « L'opinion de votre commission est que la propriété des mines doit être à l'Etat. Elle présume que le projet l'eût dit nettement, s'il eût précédé le Code civil. Le déclarer positivement eût été blesser une de ses dispositions fondamentales. Attaquer la loi civile est toujours une chose fâcheuse. C'est ce qu'on a voulu éviter, et l'on a bien fait..... Prononcer que les mines sont des propriétés publiques eût été annuler l'article 552 et non le modifier. Cette modification offrait un problème difficile à résoudre ; il a été résolu

---

(1) Locré, IX, p. 53.

(2) Naudier, *Traité de la législation des mines*, p. 544.

(3) Vuatrin et Batbie, *Recueil des lois administratives*, p. 1245.

de la manière la plus satisfaisante, puisqu'elle est la plus utile à l'intérêt de la société ; il l'a été, en déclarant que les mines ne peuvent être exploitées qu'en vertu d'un acte délibéré au conseil d'Etat, mais que cet acte règlera les droits du propriétaire de la surface sur le produit des mines concédées ». Ce rapport repousse formellement le système de l'accession. Si le principe de la propriété publique n'est pas écrit en tête de la loi, c'est pour ne pas paraître porter ouvertement atteinte au principe du Code civil ; la dérogation n'en existe pas moins. Les mines ne font point partie du domaine de l'Etat, mais l'Etat seul a le droit d'en disposer, d'en accorder la concession. Le principe de la propriété publique prédomine en fait. La prétendue conciliation entre deux principes qui semblent inconciliables, bien qu'elle soit qualifiée par le rapporteur de la loi de solution la plus satisfaisante, n'est autre chose que la reconnaissance d'un droit vague et mal défini du propriétaire du sol sur le tréfonds ; c'est une concession bien minime aux adversaires de la propriété publique, rendue presque obligatoire par l'emplacement exceptionnel de la mine.

L'examen des textes de la loi de 1810 confirme la conclusion tirée de l'étude du rapport de M. de Girardin, à savoir que les mines ne sont pas considérées comme des dépendances de la propriété superficiaire. Les articles 16 et 17 de la loi mettent sur le même pied le superficiaire et l'inventeur, relativement aux droits qu'ils ont sur la mine. Or, si le premier avait un droit de propriété, il n'y aurait pas de raison pour ne pas en dire autant du second. L'article 19 qualifie la mine de propriété nouvelle, et ne la considère pas comme dépendante de la surface, comme en formant partie intégrante, au même titre par exemple que l'alluvion. Tandis que le terrain d'alluvion est soumis aux servitudes ou aux hypothèques qui grèvent l'immeuble auquel il vient s'ajouter, l'hypothèque constituée sur la surface ne s'étend pas à la propriété minérale, cela alors même que cette dernière est réunie à la superficie dans les mains du propriétaire (1). La redevance payée au superficiaire s'ajoute seulement à la valeur du fonds pour garantir l'hypothèque. Mais cette redevance ne représente point la valeur de la mine ; elle est loin d'équivaloir au prix payé pour une expropriation qui aurait été prononcée contre le propriétaire de la surface. A peine pourrait-on la considérer comme la part de vérité faite aux idées de Mirabeau, quand, réservant le principe de la propriété publique, il disait que la nation, pour être juste, devait préférer le propriétaire de la surface dans la concession d'une mine. Cette redevance s'explique surtout par l'obligation d'indemniser le propriétaire de la dépréciation causée à son immeuble par la création d'une propriété souterraine. Elle est la concession obligée, faite aux idées de Napoléon, une sorte d'essai de conciliation tenté entre les principes de la législation spéciale et ceux du droit commun. Détacher juridiquement les mines de la surface n'était

______

(1) Ce dernier principe ne serait plus vrai au regard des créanciers pourvus d'une hypothèque générale portant sur les biens du superficiaire. Cette hypothèque s'étendant aussi à tous les biens à venir (art. 2123 C. civ.), portera dans notre hypothèse sur la mine concédée au propriétaire de la surface.

pas chose facile. On venait à peine de rédiger le Code civil et d'inscrire dans un des articles fondamentaux de ce Code, l'article 552, une disposition portant que la propriété du sol emporte la propriété du dessus et du dessous ; que le propriétaire peut faire au-dessous toutes les constructions et fouilles qu'il jugera à propos, et tirer de ces fouilles tous les produits qu'elles peuvent fournir. Sans doute, on avait ajouté, « sauf les modifications, résultant des lois et règlements relatifs aux mines », mais sans chercher à expliquer, pour le moment, le sens de cette proposition, il n'y avait là qu'une base bien fragile pour appuyer tout un système, dont l'ensemble aboutissait à la négation du principe inscrit au début de l'article. Pour parvenir à créer ce système, à séparer les mines du sol, il a fallu accorder la taxe tréfoncière, et tirer ainsi, suivant l'expression de Michel Chevalier, un coup de chapeau au droit de propriété. Mais comment soutenir que ce droit sur les produits de la mine, accordé au propriétaire de la surface par l'article 6 de la loi de 1810, que cette redevance minime qui atteint à peine dix centimes par hectare (1), est la représentation d'un droit de propriété ? Ce droit sur la mine réunit-il les caractères essentiels du droit de propriété? C'est ce qu'il serait nécessaire d'établir et ce qu'il est impossible d'admettre. Ce prétendu propriétaire peut être dépouillé de son droit sans les formalités tutélaires de l'expropriation, il ne peut jouir de sa chose sans obtenir de concession, il ne peut la transmettre, en résumé, il n'a sur elle aucun

---

(1) Féraud-Giraud, *Code des mines et mineurs,* I, p. 426 et s.

des droits essentiels qui constituent la propriété. Du reste, comment pourrait-il être question de lui attribuer cette propriété, puisqu'elle est créée exclusivement par l'acte de concession ? Avant d'avoir été concédée, la mine est considérée, dans le système de 1810, comme une non valeur, comme une chose hors du commerce, et non encore susceptible d'appropriation privée. Elle n'existe en tant que bien que du jour de la concession.

Si l'on veut voir dans l'opinion que nous soutenons, d'après laquelle la loi de 1810 traite la mine non-concédée en *res nullius,* une violation de l'article 552, nous répondrons que le système contraire, qui veut trouver dans notre loi la consécration de la théorie de l'accession, constitue une violation d'un autre principe aussi important, celui de l'article 545, qui protège toute propriété sans distinction. Et du reste, cette opinion ne contredit pas aussi manifestement qu'elle le paraît tout d'abord l'article 552. Les derniers mots de l'article, qui suivent la proclamation des droits du propriétaire, laissaient assurément la porte ouverte à une modification à la proposition qui en forme le point de départ. Napoléon aurait pu rejeter le principe de l'accession, en respectant à la lettre le Code civil; mais il a considéré trop exclusivement le principe de l'article 552. Une observation historique montre d'ailleurs très bien que l'article 552 semblait réserver le principe de la propriété des mines : alors qu'il n'était qu'à l'état de projet, un ingénieur des mines avait prévu et combattu à l'avance la fausse interprétation qu'on pourrait lui attribuer, et concluait à ce que les mines fussent déclarées propriétés publiques (1). La Cour de Lyon avait aussi émis une observation dans le même sens (2). Au surplus l'article 552 n'aurait-il fait aucune restriction, qu'il serait toujours possible de prétendre que la loi de 1810, postérieure au code civil, a pu y déroger en vertu de la maxime : *Specialia generalibus derogant.*

Les partisans de l'opinion adverse (3) se sont toujours également prévalus des travaux préparatoires et de certaines dispositions dela loi, pour combattre les arguments si décisifs qu'on leur oppose. Nous ne les suivrons pas sur le premier de ces terrains, car c'est ici le lieu de faire remarquer que les interprétations les plus disparates que l'on donne d'une loi peuvent toujours invoquer un ou même plusieurs passages des travaux préparatoires. Quant aux textes, disent-ils, les articles 5 et 7 de la loi, combinés avec l'art. 552 C. civ., prouvent assez qu'il n'est dérogé au principe posé par ce dernier article qu'en ce qui concerne les mines déjà concédées, et que, pour les autres, la règle reste entière, c'est-à-dire que jusqu'à l'acte de concession, elles forment avec la surface un tout indivisible, soumis au droit commun de l'art. 552. Décider le contraire serait aller contre toutes les règles du droit qui ne permettent pas d'étendre une dérogation en dehors des

---

(1) *Journal des mines,* n. 50, p. 898.

(2) Observations des Cours d'appel.

(3) Troplong, *op. cit.;* Aubry et Rau, *Droit civil français,* 4e édit., t. II, p. 445; Bury, *Législation des mines en France et en Belgique,* t. I, p. 26 et s.; Proudhon, *Domaine de propriété,* n. 776. — La majeure partie des décisions des cours et tribunaux est également favorable au système de l'accession. V. cép. Cass., 7 août 1839, D., 39/1/311.

termes de la loi. Et puis, aux termes de l'article 6, le propriétaire n'a-t-il pas des droits sur les mines avant l'acte de concession, puisqu'ils doivent être règlés par lui ? Toute cette argumentation est inadmissible, si l'on considère que la lecture attentive de l'article 552 suggère, par rapport à ce texte, une interprétation tout autre que celle qu'on veut bien lui donner, et qui peut raisonnablement être acceptée. Notre article, loin de consacrer les droits du propriétaire du sol « sur les mines », sauf les modifications des lois relatives à celles-ci, peut très bien au contraire paraître consacrer les droits du propriétaire « sur le dessous », sauf les modifications que les lois sur les mines peuvent y faire, et qui peuvent aller jusqu'à refuser au superficiaire un droit de propriété sur le tréfonds minéral, dont aucun acte émané de la puissance publique n'est venu autoriser l'exploitation. C'est en réalité le droit de fouille du maître que nous trouvons consacré dans l'article 552. Si ce droit est absolu lorsque le tréfonds ne renferme aucune richesse minérale, il se trouve soumis, dans le cas contraire, à des restrictions d'une gravité tout exceptionnelle et résultant de la loi de 1810 elle-même. C'est ainsi que tous les travaux souterrains qui pourraient dégénérer en une véritable exploitation, sont interdits au superficiaire (1); qu'il ne peut s'approprier sans une autorisation spéciale les produits amenés à la surface, ou extraits par un tiers non con-

---

(1) Art. 12, loi de 1810; la jurisprudence a même décidé que le propriétaire du sol qui, de son chef, entreprendrait une exploitation se rendrait passible de peines correctionnelles. — V. Cass., 7 août 1839 précité.

cessionnaire; que son droit n'est pas exclusif, puisque l'Etat peut, nonobstant son consentement, autoriser un tiers à pratiquer des fouilles (1), et enfin que ce droit cesse dans l'intérieur du périmètre concessionel du jour où intervient l'acte de concession. Telles sont, d'une façon générale, les diverses restrictions auxquelles la loi de 1810 soumet le droit de fouille du propriétaire du sol, consacré par l'article 552 du Code civil. Il en résulte que ce dernier, ne pouvant utiliser d'une façon quelconque les produits minéraux enfouis au-dessous de la surface, on ne peut, comme nous l'avons déjà dit, lui reconnaître un droit de propriété sur ces produits, aussi longtemps tout au moins qu'un acte de concession n'est pas venu lui en attribuer la libre disposition.

S'il est bien établi que la mine est *res nullius* antérieurement à la concession, il ne faudrait pas en conclure, comme l'a fait un magistrat belge, « que ses produits sont des biens vacants et sans maître qui, comme tels, appartiennent à l'Etat » (2). Jusqu'à la concession, l'Etat lui-même ne peut avoir sur la mine aucun droit de propriété. Les biens vacants et sans maître, qui sont en effet attribués à l'Etat par les art. 539 et 713 du Code civil, consistent dans des choses susceptibles d'une utilisation immédiate et d'une appropriation privée, dans des choses ayant le caractère de biens dans toute l'acception juridique du mot. Or, nous avons vu que cette condition faisait complètement

______

(1) Loi de 1810, art. 10.
(2) Detrooz, *Belgique judiciaire*, 13 et 18 octobre 1861.

défaut à la mine non concédée; et nous pourrions même dire ici, avec un peu d'exagération peut-être, mais pour bien rendre notre pensée, qu'elle est frappée d'une stérilité en quelque sorte absolue.

En somme, le principe de la propriété minière, tel qu'il se dégage de l'ensemble des dispositions de la loi de 1810, celui autour duquel viendront se grouper toutes les prescriptions accessoires de cette loi, n'est autre chose que celui qui se retrouve dans le dernier état du droit romain, que l'ancien droit français avait adopté sous le nom de droit régalien, et que Mirabeau proclamait encore à la veille de la Révolution. Ce principe n'est pas proclamé comme dans la loi de 1791; mais en revanche, il n'a pas à subir des restrictions capables d'annihiler tous ses bons effets. Il peut, comme en 1789, se présenter sous la formule : toutes les mines sont à la disposition de la nation.

Notons en passant deux conséquences de la théorie que nous avons développée. En premier lieu, si un fonds superficiaire, au-dessous duquel se trouve une mine non concédée, vient à être exproprié pour cause d'utilité publique, l'indemnité que doit fixer le jury doit comprendre seulement la valeur de la superficie et non celle du tréfonds (1). Ensuite, la propriété de la mine étant l'œuvre de l'acte de concession, il n'y a pas, au moment où celle-ci se réalise, transmission de propriété et par suite pas de mutation immobilière, rendant exigible le droit proportionnel de 4 p. 100 qui y est afférent.

---

(1) *Contra* : Cass., 21 décembre 1858, D., 1859. 1. 25.

Après avoir dégagé le principe de la propriété minérale, il faut répondre à une deuxième question qui,
comme nous l'avons déjà dit, s'était aussi présentée à
l'esprit du législateur de 1810. Les mines étaient presque complètement soustraites aux propriétaires de la
surface ; elles constituaient des biens libres de tout
droit, dont la société allait pouvoir disposer au mieux
de ses intérêts. Mais que faire de ces biens ainsi rendus
disponibles ? L'Etat les exploiterait-il ? Allait-il recourir à une amodiation, ou confier, à titre de propriété,
les mines à des particuliers ? Le législateur se trouvait
ici complètement libre et en mesure de répondre au
mieux des besoins sociaux ; la propriété était nouvelle,
les droits préexistants ne le gênaient donc pas.

On venait, avons-nous remarqué, de rédiger le Code
civil ; et des débats qui l'avaient préparé, le droit de
propriété sortait moins discuté et plus solide. Les
législateurs du premier empire n'avaient pas eu à envi-
sager seulement le côté juridique de la propriété, ils
avaient eu à se préoccuper du côté social. Or, à ce
dernier point de vue, ils n'étaient pas sans avoir compris tout ce qu'il y a de fécond dans ce principe, tout
ce que l'on peut attendre de l'initiative du propriétaire,
de l'esprit de suite, du soin, des prévisions intelligen-
tes qu'il apporte à l'exploitation. Ils s'étaient rendu
compte que la propriété assure la meilleure mise en
valeur des biens ; et que, comme le dit si justement
M. Cauwès, elle seule peut prêter à l'activité économique la force d'expansion indéfinie que le progrès des
sociétés réclame (1). Ces considérations dont ils étaient

(1) Cauwès, *Cours d'économie politique*, I, p. 282.

fortement imbus, s'appliquaient aux mines comme à la propriété ordinaire et devaient leur dicter le parti à prendre. La loi de 1810 crée et organise la propriété des mines; et elle le fait, parce qu'elle trouve dans la propriété un gage de bonne exploitation, une garantie de disposition utile au point de vue social. Cette idée fondamentale de la loi se manifeste plusieurs fois au cours des travaux préparatoires. « La création d'une propriété nouvelle, séparée de la surface et dont l'Etat doit disposer pour l'intérêt commun, paraît une idée heureuse et féconde en grands résultats, » disait la commission du corps législatif dans ses observations (1). Elle ajoute plus loin : « La perpétuité des concessions aura l'avantage inappréciable de donner aux concessionnaires cet esprit de prévoyance, de conservation et de perfectionnements qui semble appartenir exclusivement aux propriétaires » (2). De même, Regnaud de Saint-Jean-d'Angély dans l'exposé des motifs : « Pour que les mines soient bien exploitées, pour qu'elles soient l'objet du soin assidu de celui qui les occupe, pour qu'il multiplie les moyens d'extraction, pour qu'il ne sacrifie pas à l'intérêt du présent l'espoir de l'avenir, l'avantage de la société à ses spéculations personnelles, il faut que les mines cessent d'être des propriétés précaires, incertaines, non définies, changeant de mains au gré d'une législation équivoque, d'une administration abusive, d'une police arbitraire, de l'inquiétude habituelle de leurs possesseurs. Il faut en

---

(1) Locré, *op. cit.*, p. 347.
(2) Locré, p. 349.

faire des propriétés auxquelles toutes les définitions du Code civil puissent s'appliquer » (1). Ces citations montrent suffisamment quel était l'objet que la loi avait en vue. Elle ne cesse, il est vrai, se servant du vocabulaire en usage, d'employer le mot « concession » pour qualifier l'acte par lequel est constituée la propriété minière. Mais il ne faut pas se laisser induire en erreur par la terminologie. Le rapporteur au corps législatif avait eu soin de faire remarquer que ce mot n'est pas employé ici dans son acception constante. « L'esprit de cette disposition est évident, disait-il; il a pour but d'imprimer le caractère de la propriété aux mines ouvertes et exploitées à titre légitime. Or, quand l'esprit de la loi est évident, il est facile d'en fixer le véritable sens » (2). Nous avons du reste les propres paroles de Napoléon, qui, dans la discussion au Conseil d'Etat, avait affirmé plusieurs fois l'intention de créer de véritables propriétés (3). Il fait bien ressortir la différence qui existe entre les mines simplement concédées, au sens ordinaire du mot, qui ne se trouvent qu'en passant dans les mains des exploitants, qui peu-

(1) Locré, p. 383-384.

(2) Locré, p. 422.

(3) C'est bien Napoléon qui paraît avoir le premier trouvé l'expression « propriété nouvelle », que nous rencontrons ensuite au cours des travaux préparatoires et dans l'art. 19 de notre loi. Un témoin des séances du Conseil d'Etat nous dit à ce sujet : « Ce mot de « propriété nouvelle » rencontré par l'empereur à la fin d'une discussion, la termina aux cris d'admiration de tout le Conseil : ce n'était cependant que l'expression d'une idée autour de laquelle chacun tournait depuis plusieurs séances, mais l'expression était vive et frappante, et il n'en fallait pas davantage pour exciter l'enthousiasme. — *Souvenirs du duc de Broglie*, I, p. 67.

vent leur être retirées par un simple décret, et les mines attribuées à titre de propriété et qui sont aussi inviolables, même par rapport à la toute-puissance impériale, que la ferme d'un propriétaire ou le champ d'un cultivateur. Il résume ainsi sa pensée : « Le secret ici est donc de faire des mines de véritables propriétés et de les rendre par là sacrées dans le droit et dans le fait » (1).

La conclusion tirée de l'étude des travaux préparatoires de la loi de 1810, qui manifestent l'intention commune de faire des mines de véritables propriétés, est confirmée par un texte formel pris dans la loi elle-même. L'acte de concession, porte l'art. 7, « donne la propriété perpétuelle de la mine, laquelle est dès lors disponible et transmissible comme les autres biens, et dont on ne peut être exproprié que dans les cas et selon les formes prescrites pour les autres propriétés, conformément au code civil et au code de procédure civile ». On ne saurait tirer argument, contre les droits des concessionnaires, de leur origine administrative. Il est facile de montrer, à l'aide des travaux préparatoires de la loi de 1810, que le législateur de cette époque n'a pas entendu faire de la concession des mines un acte de faveur ou de pure administration. Sans aller jusqu'à consacrer des droits de préférence, il admet cependant des motifs de préférence. Des intérêts opposés et différents sont en présence : le ministre est un « juge » (2) délégué par la loi pour les concilier. Dans le projet pri-

____

(1) Locré, p. 155.
(2) Art. 16.

mitif soumis au Conseil d'Etat, on avait en effet proposé tout d'abord un droit de préférence en faveur de l'inventeur ; puis, à son défaut, au profit du propriétaire ; il avait disparu de la rédaction définitive, mais la Commission du corps législatif, à laquelle avait été soumis le projet, avait également demandé le rétablissement des droits de préférence. On n'adopta pas cette opinion, parce que « il y a dans ces sortes de demandes un concours si varié de circonstances, qu'il paraît préférable de laisser à l'autorité la faculté de les apprécier », dit le comte de Girardin dans son rapport (1). D'ailleurs, ajoute-t-il un peu plus loin, le gouvernement, en se réservant la faculté de statuer, n'exclut aucun motif de préférence ; mais se réserve de les peser tous et d'accorder la concession à celui qui en réunira le plus en sa faveur. Telle est l'origine de l'art. 16, portant que le gouvernement juge des motifs ou des considérations d'après lesquelles la préférence doit être accordée aux demandeurs en concession, qu'ils soient propriétaires de la surface, inventeurs ou autres. Du pouvoir discrétionnaire conféré au gouvernement dans la délivrance des concessions, il ne faudrait pas conclure non plus qu'il peut suivre pour accomplir cet acte les règles qu'il jugera convenables, et subordonner l'obtention des concessions à telles conditions que bon lui semblera. Il ne s'agit point en effet ici d'un particulier qui, disposant de son bien, débat comme il le veut les clauses du contrat qui le concerne. Le gouvernement fait un acte de souveraineté en vertu d'une

---

(1) Locré, p. 410.

délégation qu'il a reçue de la loi ; son mandat est limité ; il n'a trait qu'au choix du concessionnaire et non aux conditions de la concession. Celles-ci ont été fixées par le législateur lui-même, qui a défini dans de nombreux articles le régime auquel il entendait soumettre les mines ; le gouvernement ne saurait rien y ajouter et y rien omettre, et ce serait un véritable excès de pouvoir que de vouloir, par une voie indirecte, aggraver les charges des concessionnaires ou modifier la nature des droits conférés (1).

Nous avons vu que la loi de 1810 admet implicitement, mais néanmoins très formellement, le principe qui fait de la mine une *res nullius* jusqu'au moment de la concession, et cela dans l'intérêt général. Ce qui tend encore à prouver qu'elle n'a pas adopté, pour les mines, la théorie de l'accession, c'est qu'elle n'a conservé ce dernier système que pour deux catégories restreintes d'exploitations, qui ne forment point des mines telles que les entend la loi ; et qui, soit par la nature des substances minérales dont elles se composent, soit par la manière dont elles sont mises en valeur, avaient beaucoup moins besoin d'un régime spécial : ce sont les minières et les carrières. Aussi était-il très important d'établir une classification bien nette des substances minérales, puisque l'attribution de la propriété est en jeu. C'est là l'objet des art. 2, 3 et 4 de la loi, dont

---

(1) A cet égard, la doctrine et la jurisprudence en France sont unanimes. La section des travaux publics au Conseil d'Etat a émis de nombreux avis en ce sens. Citons à titre d'exemple celui du 12 avril 1859, rapporté aux *Annales des mines de 1876*, p. 236.

le premier fixe l'objet de la propriété des mines : la nature des gîtes minéraux forme la base de ce classement (1). On admet dans la pratique qu'il appartient au gouvernement, après avis du conseil d'Etat, de classer les substances nouvelles qui viendraient à être découvertes, d'après les règles énoncées aux articles ci-dessus (2).

La concession d'une mine crée une propriété nouvelle, et cette propriété est immobilière rationnellement et aux termes mêmes de la loi. De là l'application qui nous était annoncée tout à l'heure par les travaux préparatoires de plusieurs articles, soit du Code civil, soit du Code de procédure. Cette application engendre une foule de conséquences, relatives aux démembrements de la propriété, usufruit (3), usage (4) et hypothèque (5), aux droits d'enregistrement (6), à la transcription (7), à la saisie (8), à la rescision pour cause de lésion (9), au contrat de mariage (10), à l'immobilisation de certains accessoires (11), à la mobilisation des matières extrai-

---

(1) Féraud-Giraud, *Code des mines et mineurs*, t. I, n. 4.

(2) Ordonn. 19 juillet 1843. Lebon, t. III, p. 377.

(3) Art. 598 C. civil.

(4) Art. 630 C. civ.

(5) Art. 2118 C. civ., 19 et 21, loi de 1810.

(6) Art. 69, § VII, loi du 22 frimaire an VII.

(7) Art. 1er, loi du 23 mars 1855.

(8) Art. 673 et suiv. C. pr.

(9) Art. 1674 et s., C. civ.

(10) Art. 1401 et s. C. civ.

(11) Cpr., art. 524, C. civ., et art. 8, loi de 1810.

tès (1) et des actions et intérêts dans les sociétés (2),
toutes matières dont quelques-unes, sujettes à controverse, sont particulièrement étudiées dans les grands
commentaires de la loi de 1810, et dont beaucoup d'autres forment l'objet de décisions de la jurisprudence.

De même qu'une mine est susceptible d'hypothèque,
elle peut être encore affectée d'un privilège immobilier, pour la garantie de certaines créances, et à charge
par le créancier de remplir les conditions et d'observer
les formalités prescrites par le Code civil (3). C'est là
un autre point d'analogie avec la propriété superficiaire.

Au surplus, les mines forment non seulement des
immeubles, comme les fonds de terre; mais elles présentent aussi les caractères de toute propriété : la
perpétuité, la transmissibilté et l'inviolabilité. Lorsque
l'article 7 de notre loi dit que la concession donne la
propriété perpétuelle de la mine, il consacre une innovation rationnelle et heureuse. L'ancien régime avait
accordé des concessions illimitées, mais révoquées
souvent arbitrairement; et l'un des vices principaux de
la loi de 1791 consistait, comme nous l'avons vu, dans
la limitation de la durée de la concession à cinquante
années. Ce caractère de perpétuité n'est pas exclusif de

---

(1) Art. 9, l. de 1810. Ce texte renferme cependant une dérogation au
droit commun en ce qu'il déclare meubles les approvisionnements (Cpr.
art. 524 C. civ.).

(2) Art. 8, l. de 1810 et 529 C. civ. Ce sont des meubles incorporels.
(Bruxelles, 10 mars 1838. Jur. belge, 1838. 2. 358).

(3) Art. 20, l. de 1810 et 2103, 2106 C. civ. — Baudry-Lacantinerie et
de Loynes, *Privilèges et hypothèques*, t. I, n. 736 et 883.

toute déchéance, comme nous le remarquerons dans la suite. L'assimilation de la propriété minérale et de la propriété superficiaire au point de vue de la transmission, résulte aussi de l'article 7 de la loi. Dès le 22 mars 1806, Napoléon disait au conseil d'Etat : « A part la nécessité d'une concession, la propriété des mines doit rentrer dans le droit commun ; il faut qu'on puisse les vendre, les donner, les hypothéquer d'après les mêmes règles qu'on aliène ou engage une ferme, une maison, en un mot un immeuble quelconque » (1). Cette assimilation est même si complète, ainsi que le voulait Napoléon, qu'il est peu possible de douter, malgré les inconvénients économiques de cette solution, que l'article 7 ait abrogé, en ne le visant pas, l'arrêté de nivôse an VI, qui subordonnait l'efficacité de la transmission à l'obtention de la part du cessionnaire de l'autorisation gouvernementale (2). Enfin, et c'est là le dernier caractère qu'elles ont de commun, la propriété minérale est inviolable comme celle de la surface. Déjà, Henri IV avait affirmé dans l'édit de janvier 1601 « que les propriétaires de mines ne pourraient être dépossédés, ni leurs associés, successeurs et ayant cause, des mines qu'ils travailleront » (3). Mais ce qui n'était qu'une disposition isolée, devint un principe général dans la bouche de Napoléon, qui disait au conseil d'Etat qu'il fallait considérer le propriétaire de la mine « comme un

---

(1) Locré, t. IX, p. 143.

(2) Arrêt du Cons., 21 août 1810. Dalloz, J. G., v⁰ *Mines*, n. 74. — Ordonnance du 21 juin 1839, Lebon, IX, 2ᵉ série, p. 346.

(3) Lamé-Fleury, *op. cit.*, p. 84.

particulier qui ne perd sa propriété que comme le propriétaire d'un champ, d'une maison perd la sienne » (1). Ce caractère d'inviolabilité pouvait, à la rigueur, être regardé comme une conséquence nécessaire de la perpétuité : mais telle était son importance, que le législateur a cru devoir lui consacrer une mention particulière dans l'article 7. L'inviolabilité de la propriété minérale a été depuis solennellement affirmée dans les arrêts célèbres de la Cour de cassation des 18 juillet 1837 (2) et 3 mars 1841 (3), sur le procès des mines de Couzon ; par l'arrêt du conseil des mines de Belgique du 27 décembre 1851 (4); enfin par un arrêt de rejet du 1er mars 1853 (5).

Une question se pose, avant d'abandonner l'étude du principe de la propriété minière; et elle est si importante, elle tient si bien à l'essence du sujet, qu'elle ne saurait être passée sous silence. Les produits des mines sont-ils des fruits, et, à ce titre, les mines peuvent-elles être louées? Comment faut-il traiter juridiquement la cession perpétuelle ou temporaire du droit de les exploiter? Elle donne lieu à un grand nombre d'applications, se rapportant par exemple à la prohibition de l'art. 7 § 2 interdisant le partage ou les ventes par lots, à la perception des droits d'enregistrement, à la garantie des privilèges, à la capacité des parties con-

____

(1) Locré, t. IX, p. 387.

(2) Sirey, 1837. 1. 661.

(3) Sirey, 1841, 1, 259. Addt Pardessus. *Revue de législation et de jurisprudence*, t. IV, p. 135.

(4) *Pasicrisie*, 1851. 2. 239.

(5) Dalloz, 53, 1, 133.

tractantes. Elle a suscité deux opinions. On dit, dans la première, que la mine ne produit pas de fruits, car les matières qui en sont extraites, non seulement ne sont pas reproduites par le fonds, mais encore sont partie intégrante de la chose elle-même (1); il ne saurait donc être question de louage, mais seulement de vente. On réplique, dans la seconde, que l'extraction est le seul mode de jouissance réel et possible de la mine, et que d'ailleurs le législateur partage si bien cette idée, qu'il fait bénéficier l'usufruitier des produits de la mine, dans les articles 598 et 1403 du Code civil (2). Nous croyons, avec d'excellents esprits, que ces idées opposées doivent être combinées, que l'extraction des substances minérales tient à la fois du droit de jouir et de disposer, et que l'acte par lequel on en dispose est mixte, c'est-à-dire procède en même temps du louage et de la vente (3). D'où la conséquence ultérieure que les questions relatives à ces matières extraites, au droit de les extraire et à la cession de ce droit, doivent être résolues, non par les règles isolées qui régissent les fonds ou les fruits, la vente ou le louage, mais par toutes ces règles à la fois, successivement appliquées, suivant la question spéciale à résoudre. C'est à titre d'application de cette théorie, qu'un auteur a pu déci-

---

(1) Proudhon, *De l'usufruit*, n. 1200 et s. — La jurisprudence de la Cour de cassation est constante en ce sens. V. Cass., 5 mars 1855, D., 55. 1. 123; 6 mars 1855, D., 55. 1. 83; Req., 28 janvier 1857, D., 57. 1. 391; 4 août 1886, D., 87. 1. 36.

(2) Arrêt de Liège du 20 mars 1850 (*Pasicr.*, 54. 1. 166).

(3) Delebecque, t. II, n. 848 et 849; Dalloz, *Propriété des mines*, t. I, p. 135; Biot, *Propriété des mines*, p. 90 et s.

der que la cession est passible du droit de vente mobilière, si elle est perpétuelle; mais qu'elle ne doit être tarifée qu'à titre de bail, si elle est temporaire (1).

SECTION II

RESTRICTIONS A LA PROPRIÉTÉ DES MINES

La loi de 1810 a entendu, en principe, faire des mines de véritables propriétés, assujetties au droit commun. Mais il ne faut pas prendre cette assimilation trop à la lettre. Il y a des exceptions qui, il faut bien le reconnaître, font des mines, sur un certain nombre de points, des biens se distinguant entièrement des autres et soumis à un régime spécial (2). Ces dérogations à la législation générale qui proviennent de la nature même des mines, des caractères de la concession, du mode d'exploitation, constituent le trait distinctif du système régalien.

Tout d'abord, se présentent quelques exceptions d'intérêt secondaire, qui proviennent de la constitution géologique des mines. Dans le but d'éviter le morcellement à l'infini, qui eût été la ruine de l'industrie minérale, l'article 7 de la loi subordonne à une autorisation, la validité de la vente par lots et du partage d'une mine. Est-il nécessaire de parler de l'obligation, pour les concessionnaires, de former, si besoin en est, des syndicats de défense (3)? Ce n'est point là, à vrai dire, une déro-

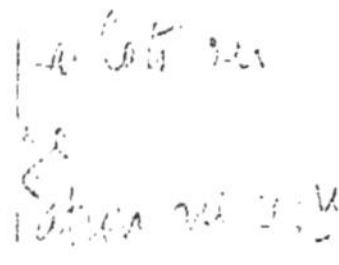

---

(1) Pont, *Revue critique,* t. I, p. 547.

(2) C'est ce que nous révèle la comparaison de l'art. 7 avec les art. 47 à 50, 93 à 96, et les dispositions du décret du 3 janvier 1813.

(3) Art. 1, loi de 1838; V. ch. II.

gation au droit commun; mais l'application d'un principe général, déjà mis en vigueur par la loi du 16 septembre 1807, plus tard par celle du 21 juin 1865, et qui autorise l'administration à intervenir toutes les fois que la sauvegarde de la propriété exige une défense commune.

Mais la dérogation principale aux principes juridiques ordinairement admis et qui tient à l'essence même de la législation régalienne, consiste dans la disposition qui permet au gouvernement d'intervenir en cas de cessation ou de suspension des travaux. Cette dérogation tient à la différence qui existe entre les mines et les autres biens. Tandis que ces derniers constituent des propriétés préexistantes que la loi n'a qu'à reconnaître et à protéger, les mines sont des biens disponibles sur lesquels, en vertu d'un droit éminent de souveraineté et en prévision de l'intérêt de tous, la société crée de toutes pièces, par un acte qui s'appelle concession, le droit de l'exploitant. Ce droit de l'exploitant, tel qu'il lui est conféré par l'Etat, n'est pas simplement nominal, sans valeur et sans portée. Tout d'abord, il l'autorise à entreprendre ses travaux et lui assure un droit certain sur le produit éventuel de ses fouilles. Il entraîne surtout le véritable avantage de l'obtention d'un périmètre dans lequel le concessionnaire exerce un véritable monopole, dans lequel il pourra s'approprier toute la masse minérale. C'est dans la garantie de ce privilège que consiste vraiment l'apport de l'Etat; il y a là plus que la simple faculté de fouille, plus que la rémunération du travail, car des minerais, auxquels on ne parviendra peut-être qu'après un travail fort long, sont réservés. En constituant ce monopole, l'Etat a aussi aliéné les droits de la société, puisqu'il a soustrait à toute autre recherche les substances situées dans le périmètre. Tous ces avantages doivent avoir une contre-partie, et c'est là que nous trouvons la source des obligations des concessionnaires, et conséquemment des droits de l'Etat. L'Etat a établi le système des concessions, parce qu'il a considéré que c'était celui qui répondait le mieux aux besoins sociaux. Il ne réserve donc les richesses minérales à certaines personnes que pour qu'elles ne restent pas improductives ; s'il leur accorde des faveurs spéciales, c'est au contraire pour diriger et maintenir leur activité dans cette branche de l'industrie. En même temps, l'exploitation est la justification de la propriété du concessionnaire. Lorsqu'il sera arrivé, par de laborieux efforts et des avances considérables, à faire du minerai une marchandise utilisable, sa propriété aura les mêmes bases que toute autre : le travail et l'incorporation des capitaux. Si l'on ajoute à ces considérations tirées de la nature du droit du concessionnaire les funestes contre-coups que peut avoir pour toute industrie l'interruption ou le simple ralentissement dans l'extraction, la destruction ou le gaspillage qui en sont la conséquence pour un capital périssable, on aura des raisons plus que suffisantes pour justifier l'intervention de l'Etat dans le cas qui nous occupe. Ces considérations inspiraient certainement les auteurs de l'avant-projet de la loi de 1810 (1), lorsqu'ils voulaient forcer les concessionnaires à entretenir

---

(1) Locré, *op. cit.*, p. 71.

l'exploitation en activité, et qu'ils proposaient la déchéance au bout d'un certain temps d'interruption.
Mais arrivons à la discussion, et nous allons voir réap-
paraître la lutte entre les partisans de la propriété publique et Napoléon toujours imbu des principes du
Code civil; elle se terminera, comme précédemment,
par la rédaction d'un article ambigu, où une opinion
n'est affirmée que pour être aussitôt suivie de concessions faites à l'autre. C'est en vain que Regnaud de
Saint-Jean-d'Angély tente d'établir la distinction rationnelle à faire entre les mines et les autres propriétés,
en faisant remarquer « qu'on peut toujours rebâtir
un moulin au lieu qu'on ne retrouve pas toujours une
mine » (1). Napoléon lui répond : « On n'oblige pas
un propriétaire à abandonner sa ferme lorsqu'il cesse
de l'exploiter ? Pourquoi en serait-il autrement des
mines? Le principe de l'abandon ne peut être admis,
dans un pays où la propriété est libre; et puisque les
mines sont de véritables propriétés, il est impossible
de faire à leur égard des exceptions au droit commun » (2). Ces observations firent supprimer les deux
titres du projet, relatifs à l'abandon et à la cessation de
l'exploitation. L'art. 49 porta seulement « que si l'exploitation était restreinte et suspendue de manière à
inquiéter la sûreté publique ou les besoins des consommateurs, les préfets, après avoir entendu les propriétaires, en rendraient compte au Ministre de l'Intérieur,
pour y être pourvu ainsi qu'il appartiendrait ». L'exposé

____

(1) Locré, *op. cit.*, p. 295.
(2) Locré, p. 296.

des motifs donne de cet article le commentaire suivant : « Si les exploitations étaient restreintes, mal dirigées, suspendues, ou laissaient des craintes sur les besoins des consommateurs, la concession était jadis révoquée. Un tel système est incompatible avec la propriété des mines. Il y sera pourvu, s'il se présente, sur le rapport du ministre de l'intérieur, comme dans des cas extraordinaires et inhabituels que la législation ne peut prévoir ». Ces citations permettent de bien saisir l'esprit et d'exposer l'opinion des auteurs de l'art. 49. Le législateur de 1810 a voulu assimiler d'une façon absolue les mines aux autres propriétés ; l'art. 49 n'a trait « qu'à des cas extraordinaires et inhabituels que la législation ne peut prévoir » ; il n'établit pas en conséquence de sanction, laissant au chef de l'Etat le soin de décider dans son omnipotence. Le cas pouvait se présenter aussi bien pour toute autre propriété que pour les mines ; on eût agi de même, comme le disait Napoléon, « si l'on eût scié les blés verts, arraché les vignes renommées, transformé vingt lieues de terres fromenteuses en un parc...., car l'abus de la propriété doit être réprimé toutes les fois qu'il nuit à la société » (1). Cependant à peine la loi de 1810 était-elle appliquée, qu'on s'aperçut des dangers que peut causer la faculté de ne pas exploiter ; un projet de loi fut élaboré, mais non examiné ; la question ne devait se représenter qu'en 1838.

Nous arrivons au droit de surveillance et de contrôle, réservé aux ingénieurs des mines. Quelques auteurs

---

(1) Locré, p. 295.

ont voulu voir là une dérogation au droit commun, et un exemple d'ingérence de l'administration. C'est méconnaître la portée des dispositions de la loi de 1810, et en particulier de l'art. 50, qui n'admet d'intervention « que si l'exploitation compromet la sûreté publique, la conservation des puits, la solidité des travaux, la sûreté des ouvriers mineurs ou des habitants de la surface ». Il n'y a là que les pouvoirs généraux donnés à l'administration pour prévenir les accidents. L'art. 48 dit bien que les ingénieurs observeront la manière dont l'exploitation est faite, mais il ajoute qu'ils « se borneront à éclairer les propriétaires sur ses inconvénients et son amélioration ». Ils ont ainsi le droit de conseil, mais ils ne peuvent aller au delà. Dans le projet primitif, on prévoyait une action beaucoup plus étendue, et on était d'accord en cela avec les précédents historiques. Le droit de surveillance est commandé si impérieusement par la nature des choses, qu'il a existé dès les temps les plus reculés. Cette surveillance était dévolue, sous l'ancienne monarchie, comme nous l'avons déjà vu, au grand maître ou à ses délégués ; elle rentrait, au dix-huitième siècle, dans les attributions des intendants et du contrôleur général des finances ; mais toujours ces différents fonctionnaires l'exercèrent au nom du roi. On restreignit, sur les observations de l'empereur, les pouvoirs accordés par le projet à l'autorité publique. Là encore, dans la séance du 3 février 1810, Napoléon se fit le défenseur de l'initiative privée, du droit de propriété. « Les légers inconvénients que la section prévoit doivent, dit-il, céder à ce grand principe constitutif de la propriété que le propriétaire a le droit d'user et d'abuser..... L'esprit de propriété remédie à tout..... C'est un trop grand défaut pour un gouvernement que de vouloir être trop père ; à force de sollicitude, il ruine la liberté et la propriété » (1). Cependant, dès la séance suivante, l'empereur trouvait que dans la nouvelle rédaction « on ne donnait pas assez d'action aux agents de l'administration ». Il limitait lui-même, d'une façon rationnelle, les droits des préfets et des ingénieurs. « Les préfets, répond-il, doivent être chargés de surveiller les exploitations, sous les rapports de l'utilité et de la salubrité publique. Les ingénieurs connaîtront le mode d'exploitation usité dans les mines ; s'ils reconnaissent qu'il est nuisible à l'intérêt public, qu'il peut attaquer la solidité de quelques établissements, ils doivent en informer l'autorité ; mais si ce mode d'exploitation n'a d'autre inconvénient que de ne pas rendre au propriétaire tout le produit qu'il pourrait retirer, les ingénieurs n'ont pas le droit de le réformer » (2). De cette discussion est sortie la rédaction actuelle ; on peut facilement se rendre compte de son esprit. L'administration a une double mission à remplir dans les exploitations de mines : une mission de commandement et une mission de conseil. La première s'applique aux dangers que les exploitations peuvent présenter pour la sûreté des travaux et la sauvegarde de ceux qui s'y livrent, pour la sûreté de la surface, pour la sécurité publique : l'administration a le droit de commander à l'effet de pré-

---

(1) Locré, XXIV, n. 18-20.
(2) Locré, XXV, n. 38.

venir et de réprimer les accidents, et les dispositions
de la loi à cet égard furent plus tard développées par
le décret du 3 janvier 1813 et l'ordonnance du 26 mars
1843. Mais sa surveillance et son autorité de police
disparaissent, et elle ne peut que donner des conseils,
dans tout autre cas, qu'il s'agisse de faire commencer
l'exploitation des mines concédées, ou de les faire exploiter le plus avantageusement et le plus économique-
ment possible. Quant aux pouvoirs dont est armée
l'administration, l'art. 50 de la loi autorise le préfet à
pourvoir aux dangers résultant de l'exploitation, « ainsi
qu'il est pratiqué en matière de grande voirie et suivant les lois » (1), c'est-à-dire qu'il peut faire exécuter
d'office tous les travaux nécessités par la sécurité publique. La loi du 27 avril 1838 accordera plus tard au
ministre le droit de prononcer le retrait de la concession, pour assurer le paiement des dépenses nécessitées
par ces travaux. Ce n'est là, à proprement parler, et le
texte de la loi le prouve, qu'une mesure d'exécution,
prise par un créancier vis-à-vis d'un débiteur insolva-
ble. Sans doute, la procédure est simplifiée, l'intervention judiciaire exclue, l'influence de l'administration se
fait puissamment sentir, toutes mesures nécessitées par
la gravité des intérêts engagés ; mais les principes sont
saufs, car il n'y a expropriation que faute de paiement
d'une dette, il y a vente aux enchères publiques, et le
surplus du prix, resté disponible, appartient au concessionnaire évincé. Si la sûreté publique est compromise, non plus par l'exploitation elle-même, mais par

---

(1) Loi du 29 floréal an X, art. 2, 3 et 4.

sa suspension, la sanction est plus sévère. Le gouvernement, en vertu des dispositions combinées des art. 49 de la loi du 21 avril 1810 et 10 de la loi du 27 avril 1838, peut aller jusqu'à prononcer le retrait de la concession (1). Il appartiendrait seulement au conseil d'Etat, saisi du recours au contentieux, d'apprécier, non seulement en droit, mais aussi en fait, les motifs allégués pour prononcer la déchéance, dans les deux cas que nous venons d'examiner, de voir s'il y a lieu de prendre une mesure aussi grave, « d'essayer en un mot, comme le dit un avis de la section des travaux publics, de concilier la surveillance de police confiée à l'administration, avec le droit de propriété pleine et entière reconnu par la loi aux concessionnaires » (2). On se rapproche ainsi beaucoup plus du droit commun et on répond mieux au vœu de la loi.

Pour compléter le très court aperçu que nous avons donné sur les restrictions apportées au droit de propriété du concessionnaire, il est indispensable de dire quelques mots des redevances qui lui sont imposées en faveur de l'Etat, du propriétaire, et de l'indemnité qu'il doit à l'inventeur ; car, remarquons-le bien en examinant la loi dans son ensemble, là se trouve un des caractères principaux de cette œuvre et du droit régalien en général : la part faite à des systèmes opposés, l'essai

---

(1) Le droit pour l'administration de prononcer le retrait, si l'exploitation est suspendue ou restreinte de manière à compromettre la sécurité publique, nous paraît résulter de la généralité des termes de l'art. 10 qui vise tous les cas de l'art. 49, et non pas seulement celui des besoins des consommateurs.

(2) Dupont, *Cours de législation des mines*, 1881, p. 217.

de conciliation entre des intérêts différents. En ce qui
concerne l'Etat, les mines supportent un impôt spécial
composé de deux éléments : l'un fixe, réglé d'après
l'étendue de la concession ; l'autre proportionnel, sorte
de contribution annuelle, comme le dit la loi, à laquelle les mines sont assujètties pour leurs produits.
Cette dualité d'impôts s'explique par les travaux préparatoires. Les avis étaient partagés au conseil
d'Etat (1). Les uns disaient que la redevance fixe évi-
tait l'immixtion de l'Etat dans les concessions, et limitait leur étendue ; les autres trouvaient que l'impôt
proportionnel était plus équitable. A titre de conciliation, on finit par admettre les deux redevances. La
redevance fixe est annuelle et son taux est de 10 francs
par kilomètre carré. La redevance proportionnelle,
dont l'article 35 de la loi a fixé le maximun à 5 %, se
calcule sur le produit net qu'on obtient en défalquant
du produit brut certaines dépenses limitativement déterminées (2) ; la déclaration du concessionnaire, successivement contrôlée par un comité de proposition et
un comité d'évaluation, forme la base de la perception
de cet impôt, dont le recouvrement passe, d'ailleurs,
par les phases de celui des contributions ordinaires, et
peut faire l'objet d'abonnements, ainsi que de demandes
en décharge, réduction et remise (3).

---

(1) Locré, *op. cit.*, p. 67, 122, 290, 322.

(2) Art. 37, l. de 1810 ; 57, l. 3 frimaire an VII ; Circ. 12 avril 1849,
1er décembre 1850.

(3) Cons. Lamé-Fleury, *Journal des économistes*, janvier 1860. — Dalloz,
Redevance proportionnelle des mines.

Pour la redevance due au propriétaire du fonds, le rapporteur de la commission du corps législatif disait « que la loi réalisait la modification prévue par l'article 552 du Code civil, qu'elle faisait de la mine une propriété distincte de la surface ; mais que pour ne pas préjudicier au droit acquis, la mine détachée de cette surface serait grevée en sa faveur d'une rente foncière, affectée de toutes les hypothèques et charges qui grevaient le sol ; que, désormais, et jusqu'au rachat légalement opéré, cette rente demeurerait attachée à la superficie » (1). Ainsi, la redevance tréfoncière est la représentation du droit vague de tréfonds, d'épave souterraine, qui reste au superficiaire sur les mines concédées, dans la théorie que nous avons adoptée. On admet définitivement aujourd'hui, depuis la promulgation de la loi du 27 juillet 1880, qu'elle est fixée par le gouvernement qui a la latitude de régler les droits du propriétaire de la surface au moyen, soit d'une part dans les produits, soit d'une somme fixe, suivant les localités et les circonstances. Si nous nous plaçons au point de vue du droit civil, la comparaison que les travaux préparatoires établissent entre la rente foncière et la redevance peut aider à saisir le caractère juridique de cette dernière. Il faut bien se garder d'attribuer tout d'abord au mot rente foncière, employé dans le rapport, la signification qu'il avait sous l'ancienne législation qui faisait de la rente foncière un droit réel sur le fond, un *jus in re immobili* (2) ; la loi du 11 bru-

---

(1) Locré, XXX, p. 14.

(2) Baudry-Lacantinerie, *Précis de droit civil*, 5ᵉ éd., I, n. 1248.

maire an VII, ayant déclaré la rente foncière incapable d'être désormais hypothéquée, et l'article 530 du Code civil ayant déjà décidé qu'elle était essentiellement rachetable, il ne restait plus au crédi-rentier qu'une créance mobilière, un droit au capital qu'on lui paye-rait lorsqu'on voudrait racheter la rente. Cette remar-que faite, nous disons que la redevance établie au pro-fit du superficiaire présente plusieurs points de ressem-'blance avec la rente foncière. Considérée en elle-même, abstraction faite du fonds, elle est meuble et non immeuble, comme l'ont voulu Peyret-Lallier (1) et Demolombe (2); elle est rachetable et non irrédima-ble, comme l'a décidé Proudhon (3) ; enfin, elle est divisible par rapport aux créanciers, s'il en existe plu-sieurs. C'est ainsi encore qu'elle consiste ordinaire-ment dans la prestation successive et périodique d'une somme d'argent, et qu'elle est due par quiconque possède la concession qui en est grevée. Mais la rede-vance diffère aussi très sensiblement de la rente fon-cière, et la raison d'être de cette divergence est dans le caractère propre qui lui a été attribué par la loi. Le concessionnaire tient son droit de l'Etat, d'où il s'en-suit qu'il n'y a, comme dans la constitution de rente, ni vente véritable rendant exigible un droit de muta-tion (4), ni privilège pour la garantir. En outre, la loi, qui est la véritable créatrice de la redevance, a décidé

---

(1) *Traité sur la législation des mines*, n. 310.

(2) *Traité de la propriété*, n. 436 et 649.

(3) *Domaine de propriété*, I, n. 307 et II, n. 780.

(4) Cass., 26 mai 1834, S., 34, 1. 437.

qu'elle ne serait pas toujours meuble et que, réunie à la propriété de la surface, elle constituerait un droit immobilier comme accessoire d'un immeuble et formerait, par suite, avec lui le droit de gage des créanciers du superficiaire. Nous nous trouvons en ce cas en présence d'un lien établi par une loi spéciale entre une chose mobilière, un droit de créance et un immeuble, la première étant considérée comme accessoire par rapport au dernier ; en un mot, en présence d'un immeuble par destination (1), et non par détermination de la loi (2). Ajoutons que la redevance tréfoncière ne constituant pas le prix de la concession, celle-ci ne saurait être résolue pour défaut de payement de la part du concessionnaire ; le seul droit qui appartienne alors au superficiaire, c'est de poursuivre l'exploitant, d'exproprier au besoin la concession et de la faire vendre aux enchères publiques, pour se payer sur le prix d'adjudication des redevances arriérées.

Que dire, en terminant, de l'indemnité que l'article 16 de notre loi accorde à l'inventeur? Il convient tout d'abord de la distinguer du droit consacré à son profit par l'article 46 de se faire rembourser par le concessionnaire de ses frais de recherche et de ses travaux utiles à l'exploitation, règlement qui est de la compétence du conseil de préfecture (3). Cela fait, l'inventeur

______

(1) Tribunal de Saint-Etienne, 1er avril 1846, S., 1847, 2, 96. — Cass., 15 janvier 1849, D., 1849, 1, 74 ; Cass., 24 juillet 1850, D., 50. 1. 262 ; Aubry et Rau, III, p. 26.

(2) Ballot, *Revue de droit français et étranger*, IV, p. 117.

(3) Loi du 28 pluviôse an VIII, art. 4.

a le droit d'être dédommagé pour le bénéfice que son travail et sa découverte ont procuré à la société, en mettant à sa disposition une richesse nouvelle (1). Le gouvernement est chargé de ce soin, et comme précédemment vis-à-vis du superficiaire, il jouit d'une entière liberté d'action : ou il accordera la concession à l'inventeur, ou il obligera l'exploitant à lui payer à titre d'indemnité une somme fixe, proportionnée à la richesse du gîte minéral découvert. Telle est la part de vérité faite au système de Turgot. Nous dissimulerions notre pensée si nous ne disions pas que là nous paraît être un des points les plus critiquables de la loi de 1810. L'arbitraire est ici en effet sans limites, et le gouvernement n'a pas même la ressource, comme pour le superficiaire, de se dire que le droit sur lequel il doit statuer est de ceux qui, par leur nature même, se contentent d'une minime satisfaction. S'il accorde trop peu, voilà que les inventeurs seront découragés et que les recherches s'arrêteront; s'il est trop libéral, il aura tellement accru les charges du concessionnaire que celui-ci ne se présentera pas ou abandonnera l'œuvre commencée. Et toute règle d'évaluation fait défaut. Comment, en effet, déterminer à l'avance, même approximativement, le bénéfice que l'inventeur pourrait retirer de la mine? Comment apprécier la part qui doit

---

(1) La question d'attribution du titre d'inventeur fait partie du contentieux administratif. Tout individu qui prétend à ce titre peut utilement se pourvoir contre un acte de concession, qui ne lui fait pas application des droits qui y sont attachés. Un tel acte en effet violerait un droit acquis. — V. Ducrocq, *Droit administratif,* 6ᵉ édit., n. 246.

lui être accordée alors que, n'exploitant pas lui-même, il n'a aucun capital à débourser et aucune chance à courir? Qu'on ne nous dise pas que ce règlement peut se faire après la mise en œuvre de la mine, ou bien que le concessionnaire et l'inventeur peuvent s'arranger entre eux et s'entendre à l'amiable. Nous répondrions qu'aux termes comme dans l'esprit de la loi de 1810 et aussi bien pour les inventeurs que pour les superficiaires, le gouvernement a seul le pouvoir de régler leurs droits vis-à-vis de ceux auxquels il concède la mine, et qu'il doit le faire par l'acte de concession. Les exploitants ne doivent pas en effet avoir à souffrir des conditions onéreuses qui pourraient leur être imposées et sur lesquelles on pourrait revenir. Placer entre les mains du concessionnaire une propriété entièrement libre, vraiment nouvelle, purgée par l'acte de concession lui-même de tous les droits des propriétaires, inventeurs ou autres, tel est le vœu formel de la loi (1).

SECTION III

PRIVILÈGES ACCORDÉS AUX CONCESSIONNAIRES

Les mines, par leur position même, se trouvent enclavées. Pour parvenir à les découvrir et pour les exploiter, lorsqu'elles ont été érigées en propriétés distinctes, il faut exercer une servitude de passage et même d'occupation sur les terrains de la surface. La loi des

---

(1) Arg. art. 16 et 17, loi 21 avril 1810 et ordonn. 13 janvier 1842, (*Ann. des mines*, 4ᵉ sér., t. I, p. 797). — *Contra* : Lyon, 14 juin 1865, S., 66. 2. 155.

mines concède libéralement tous les privilèges nécessaires pour atteindre ce double but; mais elle organise
en même temps de multiples précautions pour atténuer
le caractère onéreux de ces servitudes, et pour prévenir
les dommages que les travaux des mines occasionnent
fréquemment aux propriétaires de la surface.

Pour ce qui a trait tout d'abord aux privilèges accordés, nous avons vu qu'un tiers peut bénéficier du droit
de faire des recherches dans un terrain appartenant à
autrui. Considérées en tant que constituées en propriétés ordinaires, les mines auraient bien pu se prévaloir
de l'art. 682 du Code civil, et dans ce cas, il n'y aurait
pas eu dérogation au droit commun. Mais la loi n'a pas
trouvé cela suffisant. Voulant, comme il a déjà été dit,
favoriser une industrie importante et prenant aussi en
considération l'intérêt des consommateurs, elle a, à
l'exemple des anciens rois, établi au profit des mines
des avantages spéciaux. En effet, d'après les articles
683 et 684 du Code civil, la servitude de passage est
réglée en tenant compte de l'intérêt des fonds servants
et en réduisant les charges au minimum. Pour les
mines, on part d'un principe inverse : on a exclusivement en vue l'utilité de l'exploitation à desservir et on
établit la pénétration aux endroits qui lui conviennent
le mieux. L'utilité directe et évidente, et non la nécessité, nous paraît être la mesure des droits de l'exploitant. C'est ainsi qu'il peut construire des routes, des
chemins de fer, des canaux; qu'il a la faculté, même en
dehors de son périmètre, d'exécuter des travaux de
secours, tels que puits et galeries servant à favoriser
l'écoulement des eaux ou l'aérage; qu'il a le droit d'oc-

cuper tous les terrains nécessaires pour l'extraction, les préparations diverses à faire subir à la matière première, telles que le triage et le lavage du minerai. Et l'on ne s'est pas arrêté là, comme nous le verrons tout à l'heure en étudiant la loi du 27 juillet 1880.

La superposition des deux propriétés minérale et superficiaire ne saurait conduire à faire de l'une la vassale et la dépendance de l'autre. Si ce principe nous a conduit à repousser le système de l'accession, il nous amène aussi à rejeter cette idée que, « dès l'acte de concession, la surface est désormais propriété précaire subordonnée à tous les travaux de la mine » (1). Quelle que soit l'importance économique de cette dernière, son propriétaire doit respecter les droits de celui du fonds; il n'a vis-à-vis de lui d'autres prérogatives que celles établies par la loi. Celle-ci l'a si bien compris qu'elle a prescrit tout un ensemble de mesures destinées à sauvegarder la légitime indépendance du superficiaire. A ce titre, elle n'autorise les recherches dans le bien d'autrui que si l'autorisation préalable du gouvernement a été obtenue et qu'une indemnité sous forme de caution a été promise (2); elle prescrit même par l'organe du gouvernement, dans le permis de recherches, le délai pendant lequel elles poùrront être faites et les substances auxquelles elles pourront s'appliquer (3). La délivrance du permis de recherches et

---

(1) Rey, *Journal des Mines*, 27 février 1862, p. 122; *Commentaire de la loi du 21 avril 1810*, p. 8.

(2) Art. 10, loi de 1810.

(3) Circ. minist. du 3 août 1810, § 5.

l'obtention du décret de concession sont précédées d'une enquête dans laquelle les superficiaires doivent être entendus (1). Enfin les cahiers des charges constituent un ensemble de conditions dont le but principal est d'empêcher toute exploitation dommageable (2), conditions à l'exécution desquelles le gouvernement se réserve de veiller, en vertu du droit de surveillance administrative qui lui est conféré.

Plaçons-nous maintenant au moment où la concession a été accordée, et après avoir remarqué que celui qui y prétendait a dû justifier des moyens de satisfaire aux indemnités qui lui seraient imposées (3), distinguons selon qu'il doit entreprendre des travaux extérieurs ou intérieurs. Dans le premier cas, la condition préalable de toute exécution est la constatation d'utilité faite par le préfet et suivie de son autorisation (4). Pour l'indemnité due au superficiaire, elle ne peut être exigée préalablement (5) ; mais la loi a elle-même réglé les bases de sa fixation (6). S'agit-il d'une occupation ayant duré moins d'un an et ayant permis ensuite de remettre le terrain en culture comme auparavant, l'indemnité est réglée au double de ce qu'aurait produit net le terrain

---

(1) Circ. minist. 3 août 1810, § 5 ; art. 22-30 loi de 1810 et loi du 27 juillet 1880.

(2) Circ. minist. 3 août 1810, § 5 ; décret du 18 novembre 1810, art. 24 ; Circ. minist. 18 décembre 1812, 14 octobre 1813, 8 octobre 1843.

(3) Art. 14, loi de 1810.

(4) Arr. cons. d'Etat 22 août 1853 ; aujourd'hui art. 43, mod. par l. du 27 juillet 1880.

(5) Dalloz, *J. G. Suppl.*, v° *Mines*, n. 434.

(6) Art. 43 et 44 loi de 1810, aujourd'hui modif. par loi du 27 juillet 1880.

occupé. Se trouve-t-on au contraire en présence d'une occupation ayant duré plus d'une année ou qui, sans avoir duré aussi longtemps, n'a pas permis de revenir à la culture antérieure, le propriétaire de la surface a le choix entre deux partis : il peut se contenter de l'indemnité du double comme dans le premier cas, ou exiger que le concessionnaire acquière la propriété du terrain occupé. Et même, si la pièce de terre partiellement occupée a été endommagée en trop grande proportion, l'exploitant peut être forcé de l'acquérir tout entière, sur le pied du double de la valeur du terrain. Qu'il s'agisse d'un exploitant ou d'un explorateur, il est un cas où le superficiaire peut s'opposer à toute occupation; c'est celui où il s'agit de travaux dans les enclos murés, cours, jardins, habitations ou clôtures murées et aux alentours dans un rayon de 100 mètres (1).

Arrivons à présent au cas de travaux intérieurs. Nous nous rapprochons ici beaucoup plus du droit commun. Qu'il y ait faute ou non de la part du concessionnaire, il doit réparation du préjudice causé par son exploitation à la propriété superficiaire (2), et cette réparation a lieu purement et simplement sur le pied du préjudice causé (3). De plus, il est soumis dans ce cas, de même que l'explorateur, à une obligation spéciale. Il doit, si les travaux doivent être effectués sous des maisons ou des lieux d'habitation ou dans leur voisinage immédiat,

---

(1) Art. 11 loi de 1810, aujourd'hui modif. par loi du 27 juillet 1880.

(2) Labbé, note sous Cas., S., 1872, 1. 3. 54; Jacomy, *Etudes sur la législation des mines*, p. 237.

(3) Dalloz, *J. G.*, *Suppl.* v° *Mines*, n. 452.

donner caution de payer toute indemnité en cas d'accidents (1).

Il y a là incontestablement une série de dispositions qui placent les mines dans une situation toute particulière. Les avantages dont elles profitent en font plus que de simples propriétés privées, car ils excèdent le droit commun et vont au-delà des devoirs imposés par le voisinage entre propriétés contiguës. D'autre part-ces avantages ont pour corollaire des obligations parti, culières qui les limitent et les empêchent de devenir exorbitants. Remarquons ici de nouveau les rapports incessants qui s'établissent entre les exploitants et l'administration, les premiers étant obligés d'entretenir des relations avec la seconde et de se concilier sa bienveillance, la seconde exerçant par le fait une influence sur les premiers et essayant de les faire entrer dans ses vues. Cet état de choses tient incontestablement au caractère spécial de l'industrie minière, qui participe, à proprement parler, de la puissance souveraine, et qui, comme on s'en convaincra en comparant les dispositions de la loi de 1810 avec celles de plusieurs autres de nos lois administratives, peut très bien être qualifiée d'industrie d'utilité publique.

____

(1) Art. 15 loi de 1810.

CHAPITRE II

MONUMENTS LÉGISLATIFS POSTÉRIEURS A LA LOI DE 1810

Plusieurs actes ont complété, modifié ou appliqué la loi du 21 avril 1810; nous n'analyserons ici que les plus importants.

Citons d'abord, dans l'ordre chronologique, l'instruction ministérielle du 5 août 1810, relative à l'exécution de la loi du 21 avril précédent, le décret du 18 novembre de la même année, sur l'organisation du corps des ingénieurs des mines, le décret du 6 mai 1811, relatif à l'assiette des redevances fixes et proportionnelles, celui, très important aussi, du 3 janvier 1813 sur la police des exploitations, et nous arriverons ainsi à la loi des 27 avril-4 mai 1838.

Dans la loi de 1838, on peut distinguer deux sortes de dispositions : les unes secondaires et les autres principales.

Les dispositions secondaires de la loi ont trait à l'art. 7 qui, complétant l'art. 7 *in fine* de la loi du 21 avril 1810, donne à l'administration le droit d'exiger, lorsqu'il y a plusieurs propriétaires ou que la mine appartient à une société, l'unité de direction dans les travaux; et à l'art. 8 qui établit aussi la suspension par arrêté préfectoral, comme sanction des contraventions aux lois et règlements sur la police des mines.

Les dispositions principales se réfèrent au défaut ou à l'insuffisance de l'exploitation, et à l'organisation des syndicats de propriétaires de mines.

En ce qui concerne le premier point, nous nous rappelons que la loi de 1810 n'avait établi d'autre sanction que celle du droit commun; mais que celle-ci, par son caractère peu défini qui semblait viser l'abus de la propriété en général, équivalait presque à l'absence de sanction; le ministre pouvait bien prononcer le retrait, mais il lui était difficile d'en venir à cette extrémité en l'absence d'un texte formel qui le lui permît. Ce qui avait paru tout naturel sous le gouvernement dictatorial de Napoléon, avait souffert des difficultés sous les régimes suivants; et l'on avait senti le besoin, non pas de défaire l'œuvre de 1810, mais simplement de combler les lacunes de la loi ancienne, de compléter cette loi sans en contrarier l'esprit général et les dispositions formelles. Ce n'est qu'en 1838 qu'on reprit la question et qu'on arma l'administration. La discussion fut très intéressante entre ceux qui demandaient le maintien du *statu quo* en invoquant les droits de la propriété, et les partisans de la réforme qui se prévalaient des considérations précédemment exposées. Ces derniers finirent par l'emporter et la loi fut votée. Elle décide que, dans les cas prévus par l'art. 49, le retrait de la concession serait prononcé et aurait lieu suivant les formes prescrites par l'art. 6; il devait en être de même, si un propriétaire ne voulait pas acquitter sa part contributoire dans les dépenses communes faites en vue des travaux d'assèchement. L'art. 49 acquérait ainsi une signification, une portée toute nouvelle; d'extraordinaire et d'exceptionnelle, cette disposition entrait dans la législation normale; une sanction légale, la déchéance, était substituée aux mesures arbitraires du pouvoir.

En même temps, la propriété des mines se distinguait plus nettement de la propriété ordinaire : elle impliquait désormais l'obligation d'exploiter. Si la loi du 27 avril 1838 permet, dans les cas prévus par l'art. 49 de la loi de 1810 et notamment dans les cas de suspension ou de restriction de l'exploitation, de prononcer le retrait de la concession, elle n'implique nullement un degré obligatoire d'activité dans l'exploitation de la mine et ne précise pas le moment où le ralentissement pourra entraîner la déchéance. Le gouvernement aura-t-il pour cela un pouvoir discrétionnaire, et pourra-t-il décider à son gré que le concessionnaire est tombé sous le coup de l'application de cette disposition ? Tel n'est pas l'esprit de la loi. Pour prévenir ce danger, elle a prévu un recours au contentieux devant le conseil d'Etat; à cette juridiction appartiendra le soin d'apprécier si « la sûreté publique ou les droits des consommateurs étant compromis », le retrait de la concession était justifié. Au surplus, le législateur dérogeant ici au principe d'après lequel les décisions administratives sont exécutoires nonobstant appel, a différé l'exécution jusqu'à l'expiration du délai de recours et, s'il y a lieu, jusqu'à la notification de l'arrêt à intervenir. Il y a donc des garanties contre l'arbitraire du gouvernement, et il convient d'ajouter que la jurisprudence administrative qui résulte de l'application de la disposition qui nous occupe, est assez rassurante pour la propriété minérale : le Ministre des travaux publics, qui représente ici le Gouvernement, n'a prononcé le retrait de la concession que lorsqu'il y avait abandon complet de la mine, renonciation véritable à la propriété; en sorte qu'il ne faisait, ainsi que le dit M. Et. Dupont, que régulariser en droit une situation de fait (1). On a compris que le retrait ne s'imposait que lorsqu'il était manifeste que l'intention du concessionnaire était de ne pas remplir ses engagements; lorsqu'il était incapable de tirer parti de la mine et que cette incapacité n'était ni accidentelle ni passagère; lorsqu'enfin, par calcul intéressé, il était disposé à diminuer le rendement pour spéculer sur les besoins des consommateurs et déterminer une hausse des prix. Malgré tout, il est permis de croire que le droit de retrait serait mieux placé entre les mains de l'autorité judiciaire. Les tribunaux civils sont les gardiens de la propriété; pourquoi leur compétence ne serait-elle pas admise quand il s'agit de prononcer la déchéance du concessionnaire?

Il importe, en outre, de caractériser le retrait de la concession, tel que l'a réglé le législateur de 1838. L'expression dont il s'est servi n'est pas exacte et peut prêter à une fausse interprétation. Il ne s'agit point d'une disposition ayant un caractère pénal et destinée à dépouiller le concessionnaire qui n'exploite pas ou compromet la sécurité publique. Le législateur n'a pas eu en vue non plus la résolution d'un contrat pour inobservation des conditions par l'une des parties,

---

(1) *Cours de législ. des mines*, p. 316. — En fait, depuis 1838, il n'y a eu que sept déchéances prononcées administrativement. Une circulaire ministérielle du 10 février 1877 chargeait les préfets d'impartir aux concessionnaires non exploitants un délai de deux mois pour reprendre les travaux, faute de quoi on prononcerait la déchéance. Une autre circulaire du 25 juin suivant suspendit l'exécution de ces mesures.

conformément à l'art. 1183 du code civil, car on eût dû
se borner dans ce cas à ordonner le remboursement au
concessionnaire de ses impenses utiles. Il y a réellement une espèce d'expropriation pour cause d'utilité
publique, une sorte de rachat d'une propriété dont
l'exploitation mal conduite devenait un danger social;
il y a paiement d'un prix représentant la valeur de la
mine, non seulement des travaux faits et des aména-
gements utiles, mais aussi des substances qui doivent
être extraites et que l'on peut espérer découvrir. C'est
pourquoi l'art. 6 de notre loi exige une vente aux
enchères publiques et la remise du prix à l'ancien concessionnaire ou à ses créanciers. Le seul effet du retrait
de concession est de transformer le droit de propriété
de l'ancien exploitant en un droit de créance.

En deuxième lieu, la loi de 1838, avons-nous vu,
s'occupe des syndicats constitués pour la défense de la
mine contre l'inondation; elle règle et la formation de
ces syndicats et leur mode d'administration; sur ces
deux points, ses dispositions présentent d'ailleurs plus
d'une analogie avec celles de la loi générale du
21 juin 1865. En cas d'inondation, les propriétaires de
mines doivent constituer des syndicats, bon gré mal
gré, et exécuter à frais communs les travaux nécessaires. Cette prescription est subordonnée à l'existence de
deux conditions : 1° il faut que plusieurs mines, faisant
partie de concessions différentes, soient atteintes ou
menacées par l'inondation; 2° que la sûreté publique et
les besoins des consommateurs soient en jeu. Une enquête fera connaître si ces conditions sont réunies; le
ministre décidera ensuite quels sont les concession-

naires qui doivent contribuer aux travaux, et sa décision sera notifiée aux intéressés, avec faculté d'un recours au contentieux devant le Conseil d'Efat qui ne sera pas suspensif. Les concessionnaires doivent ensuite nommer des syndics ; ils sont réunis dans ce but en assemblée générale par arrêté préfectoral ; la loi détermine, d'après l'importance de la concession, le nombre de voix dont dispose chaque concessionnaire et les conditions de validité de la délibération quant au nombre des votants. Si les exploitants refusent de nommer des syndics, le préfet désigne des commissaires qui les remplaceront. Quant au mode d'administration de ces syndicats, il importe de remarquer, en premier lieu, qu'ils ne constituent pas des personnes morales. Le syndicat donne son avis sur tout, et ce n'est qu'après l'avoir consulté que le décret réglant son organisation et ses attributions est rendu ; c'est sur sa proposition qu'un arrêté ministériel détermine l'époque fixée pour l'acquittement des taxes ; c'est lui qui en dresse les rôles, sauf pourvoi devant le Conseil de Préfecture et recours devant le Conseil d'Etat au contentieux. Mais l'ingérence de l'administration se manifeste toujours et les syndics peuvent être suspendus, s'ils n'exécutent pas les travaux ou contreviennent au mode d'exécution fixé par le décret.

La loi du 27 avril 1838 fut suivie de deux ordonnances des 18 avril 1842 et 26 mars 1843, dont la première oblige le concessionnaire à élire un domicile administratif ; et la seconde complète les dispositions du décret du 3 janvier 1813 sur la police des mines. Dans l'intervalle, se place une loi du 17 juin 1840 qui déclara

le sel concessible ainsi que les sources et puits d'eau
salée, tout en limitant cependant l'étendue des conces·
sions et en obligeant les exploitants à fournir chaque
année une quantité minima de sel déterminée par
elle (1).

Le décret du 23 octobre 1852 est plus important; il
marque un pas en avant dans la voie de l'ingérence
gouvernementale. Jusqu'ici nous avons vu le législateur
se préoccuper d'assurer uniquement l'exploitation des
mines. Le décret de 1852, lui, a en vue les conditions
de la vente des substances minérales, prend en considération les intérêts des consommateurs et, ne s'en rapportant plus à la liberté des transactions, édicte des
mesures destinées à empêcher l'accaparement des mines et la constitution de monopoles. L'article 31 de la
loi de 1810 autorisait expressément la réunion des concessions. « Défense est faite, dit au contraire le décret,
à tout concessionnaire de mines, de quelque nature
qu'elles soient, de réunir sa ou ses concessions à d'autres concessions de même nature par association, acquisition ou de toute autre manière, sans l'autorisation
du gouvernement ». Comme sanction, la nullité des actes de réunion est prononcée, indépendamment du retrait possible des concessions et de l'application des
articles 414 et 419 du Code pénal. Au point de vue juri-

---

(1) Sous l'ancien régime, un arrêt du Conseil du 6 novembre 1659
défendait à toute personne d'acheter et de transporter de l'eau salée. La
loi de 1791 et celle de 1840 ne parlent pas du sel. Une loi spéciale du
6 avril 1825 ordonna pour la première fois la concession de certaines
mines de sel gemme.

dique, on a contesté la valeur de ce décret qui, rendu après l'expiration de la période dictatoriale, ne peut avoir un caractère législatif et ne saurait par suite modifier la législation existante (1). Il y a lieu, croyons-nous à ce sujet avec plusieurs auteurs, de faire une distinction (2). Si une personne propriétaire de plusieurs mines contiguës veut les réunir en une seule avec même exploitation et puits et galeries communs, il faut admettre la légalité du décret; car la loi de 1810 a entendu faire de chaque mine un tout distinct, une propriété bien définie ayant une existence propre, et admettre qu'un particulier peut confondre ce que le gouvernement a distingué serait porter atteinte à ce principe. Sur ce point, le décret de 1852 ne fait que tirer une conséquence des principes de la loi de 1810. S'il s'agit au contraire de la réunion, entre les mains d'un même propriétaire, de plusieurs mines qui, d'ailleurs, doivent rester séparées, on est obligé de reconnaître que le décret va à l'encontre du texte de la loi; mais il reste en vigueur puisqu'il n'a pas été déclaré inconstitutionnel. Au point de vue économique, on a fait à ce décret plusieurs objections dont la principale consiste à dire que quand plusieurs mines sont soumises à une direction unique, les dépenses diminuent beaucoup. Sans méconnaître le bien fondé de cette objection, il est impossible de ne pas se rendre compte que les mines constituant des biens de première nécessité dont l'im-

---

(1) Cf. Féraud-Giraud, *op. cit.*, § 136.

(2) Ditte, *De la propriété des mines*, p. 56. Chevalier, *De la propriété des mines*, p. 41.

portance s'accroît tous les jours avec les progrès de l'industrie et existant en nombre restreint, la constitution de monopoles serait assez facile et pourrait constituer un grave danger. C'est cette crainte, qui avait hanté les esprits de 1846 à 1852 (1), qui a motivé notre décret. Il a en outre un avantage appréciable, celui de limiter raisonnablement le périmètre nécessaire à l'exploitation; et on peut regretter à ce point de vue qu'il n'en ait point été fait assez souvent application, car, dit le rapport de l'enquête de 1874 sur les moyens de développer l'industrie houillère, « on a dépassé le but à atteindre en réunissant ou en concédant dix ou douze fois le périmètre susceptible de donner le maximum de rendement » (2).

Il faut signaler dans l'ordre chronologique, comme monument important suivant le décret de 1852, la loi des 9-17 mai 1866 dont le but a été double : 1° abroger les dispositions de la loi du 21 avril 1810 relatives à l'établissement des forges, fourneaux et usines, et les droits établis à leur profit sur les minières du voisinage; 2° modifier les art. 57 et 58 de la même loi relatifs à l'exploitation des minières. Cette loi, dont le caractère libéral apparaît de prime abord, a eu pour but de dégager les usines métallurgiques de certaines formalités administratives édictées par la loi de 1810, et de faire cesser, par suite, des droits équivalant à des servitudes auxquels, à leur tour, les propriétaires des minières étaient soumis au profit des usines autorisées dans les

---

(1) Proposition Delessert, *Moniteur* du 15 novembre 1848.
(2) Rapport de M. Ducarre, *Journal officiel* des 15-17 août 1874.

conditions de cette loi. L'art. 3 de la loi de 1866 vise la police administrative des minières et prescrit certaines mesures obligatoires dans le but de garantir la sécurité générale et la bonne exploitation des gisements.

A la date du 20 mars 1874, un décret est venu modifier celui du 6 mai 1811 relatif à l'établissement de la redevance proportionnelle due par les concessionnaires. La loi du 26 mars 1877 a eu pour but d'instituer une commission pour l'étude des moyens propres à prévenir les explosions de grisou.

La loi de 1810 avait été vivement critiquée depuis de nombreuses années et sa révision était réclamée d'une façon impérieuse et presque générale; de là des modifications partielles qui y avaient été apportées, comme nous l'avons déjà vu, en 1838 et en 1866; il faut y ajouter la loi du 27 juillet 1880 qui, sur certains points, est venue donner une première satisfaction aux intéressés. Cette loi a modifié tout d'abord les art. 11 et 42 de la loi de 1810, en leur attribuant un sens plus clair et en adoptant presque toujours la jurisprudence constante de la Cour de cassation; c'est ainsi notamment qu'au sujet du premier de ces textes, la zone de protection établie par le législateur de 1810 pour assurer la tranquillité du domicile, a été réduite de 100 mètres à 50 mètres, que les puits et galeries en ont été seuls exclus, et qu'il est désormais acquis que pour en bénéficier, les enclos doivent dépendre d'une habitation, mais sans appartenir toutefois à son propriétaire (1).

---

(1) Cass., 19 mai 1856, D., 56. 1. 209. — Bayon, *Observations sur l'in-*

Un certain nombres d'autres articles ont été complétés (art. 50, 70, 81, 82), dans le but de protéger davantage la sécurité générale et d'assurer la conservation des eaux. Certaines modifications de détail ont eu pour but de mettre la loi en rapport avec la facilité actuelle des communications (art. 23 et 26). Enfin, et c'est là le point le plus important de la loi, la question capitale des droits du concessionnaire à l'intérieur et à l'extérieur du périmètre de la concession, est réglée à nouveau ainsi que celle des indemnités dues par lui de ce chef aux propriétaires de la surface (art. 43 et 44).

Insistons sur cette dernière modification. La mine, avons-nous déjà dit, a en tant que propriété, une situation spéciale, elle est doublement enclavée ; à l'intérieur du périmètre de la concession, les puits ou les galeries peuvent être séparés des chemins publics, enclave horizontale ; et, d'autre part, les galeries souterraines ont besoin d'un débouché à la surface, enclave verticale. D'après le droit commun, le concessionnaire avait un droit de passage sur les fonds voisins ; mais il lui fallait quelque chose de plus qu'un chemin quelconque, aboutissant à la voie publique et se prêtant plus ou moins au transport des minerais ; aussi la jurisprudence, interprétant les art. 43 et 44 de la loi de 1810, lui avait concédé la faculté d'occuper les terrains sur lesquels pouvaient être établis des chemins extérieurs avantageux à l'exploitation ; seulement à cause des dommages particuliers causés à la propriété superficiaire, l'indem-

---

terprétation donnée à l'art. 11 de la loi du 21 avril 1810 par la jurisprudence de la Cour de cassation.

nité avait été portée au double. Les mêmes articles accordaient le même privilège pour faire cesser l'enclave verticale, mais cela ne suffisait pas à l'industrie minière. L'occupation des terrains situés en dehors du périmètre peut être nécessaire, aussi bien pour établir des voies de communication que des travaux de secours. La loi de 1880 a consacré des dispositions autorisant l'occupation pour ce genre de travaux. Elle facilite en outre l'établissement des voies ferrées ; dans l'intérieur du périmètre de la concession et lorsqu'elles se modifient par le relief du sol, elles peuvent être établies comme les autres chemins d'exploitation ; en dehors du périmètre ou lorsque le relief du sol doit être modifié, les voies ferrées doivent être déclarées d'utilité publique en vertu d'un décret. C'est au préfet qu'il appartient d'accorder le permis d'occupation, et les tribunaux civils connaîtront du règlement des indemnités de dépossession (1).

Si nous ajoutons au résumé très bref que nous avons déjà donné de la loi de 1810 et des dispositions postérieures, la loi du 8 juillet 1890 dont il sera question plus loin, et un grand nombre de circulaires et de décrets, ayant trait à des points secondaires de législation générale, au régime minier de l'Algérie et à celui des carrières dans tous les départements français, nous aurons un tableau à peu près complet de notre législation actuelle sur la question que nous étudions (2). C'est ici le lieu de remarquer que tous ces actes légis-

---

(1) Delecroix, *Commentaire de la loi du 27 juillet 1880.*
(2) Dalloz, *Jurispr. gén. et suppl.*, v° *Mines.*

latifs sont une nouvelle consécration du régime régalien et que, dans aucun d'eux, l'idée inspiratrice de la loi du 21 avril 1810 n'est mise en question.

CHAPITRE III

DE LA RÉVISION DE LA LÉGISLATION DES MINES. DIFFÉRENTS PROJETS DE LOI ET SYSTÈMES MODERNES

Il semble que les réformes apportées à l'ensemble de notre législation minière auraient dû donner satisfaction à ses adversaires les plus déclarés ; mais les attaques, loin de diminuer, n'ont fait que devenir plus nombreuses et ont, suivant l'expression de M. Gomel (1), stimulé l'ardeur des hommes d'Etat montant à l'assaut de notre législation. A quoi faut-il attribuer cet état de choses ? Nous répondrons avec M. Krug-Basse (2), qu'on a trop hésité autrefois à apporter à la loi de 1810, forcément imparfaite sur quelques objets, les modifications commandées par l'expérience; aussi ces réformes se sont-elles accumulées. Les différents gouvernements qui se sont succédé dans notre pays ont essayé, par des lois subséquentes, de répondre d'une façon partielle aux critiques élevées ; néanmoins, il en reste encore un bon nombre qui n'ont pas reçu satis-

____

(1) Gomel, *Les projets de réforme de la législation sur les mines*, 1887. — Cons. aussi l'article de M. Lamé-Fleury, *De la propriété des mines à propos de faits récents (Journal des économistes,* 4e série, XXXV, p. 313, et XXXVI, p. 189 et 353).

(2) *Etude sur la propriété des mines,* p. 197.

faction. Dès lors, comment s'étonner qu'à côté des projets de réforme partielle, l'idée d'une refonte totale se soit fait jour ? On a essayé par là de satisfaire cet esprit de reconstitution générale qui semble être la caractéristique de notre époque, et de protéger notre code minier contre certaines attaques. Sans apprécier pour le moment le bien fondé de ces tentatives, nous pouvons dire seulement ce que nous aurons l'occasion de répéter dans la suite, ce qu'affirmait M. de Marcère dans son rapport annexé au rapport général de l'enquête de 1874 : « Dès qu'on touche à une législation d'ensemble, on ne tarde pas à se rendre compte de la difficulté de ces entreprises » (1).

Ce chapitre comprendra trois sections consacrées, la première à l'examen des différents projets de loi déposés récemment sur la législation des mines, et les deux autres à la critique des deux systèmes de la mine à l'Etat et de la mine aux mineurs.

SECTION I

PROJETS DE LOI

La question de la révision de la loi de 1810 n'est assurément pas nouvelle. Des projets ont été successivement présentés en 1832, 1847 et 1860 (2). Peu de temps après la guerre franco-allemande, la question de l'amélioration de notre régime minier fut reprise avec ardeur. La situation précaire de l'industrie houillère,

____

(1) *Journal officiel*, 1874, p. 5919 et s.

(2) D'Amoinville, *Tentatives de révision de la loi sur les mines* (*Revue générale de l'Administration*, 1878, t. II, p. 5).

la rareté et le prix croissant du charbon de terre provoquèrent à l'assemblée nationale une demande d'enquête parlementaire, à l'effet de constater l'état de l'industrie houillère, et de rechercher les mesures à prendre pour la mettre à même de pourvoir aux besoins de la consommation (1). Le 12 juillet 1873, l'assemblée nationale instituait la commission de la révision de la législation des mines, et le 15 avril 1875, M. de Marcère rapporteur déposait les conclusions auxquelles on avait abouti et qui consistaient dans la révision de trente articles de la loi du 21 avril 1810. De son côté, le gouvernement ne restait pas étranger à cette réforme; à la date du 17 novembre 1877 (2), par l'organe de MM. Paris et Caillaux, il déposait un projet réduisant à 49 les 96 articles de la loi de 1810 (3). C'est de cette réunion d'études qu'est sortie la loi du 27 juillet 1880 déjà analysée : on a, en fin de compte, renoncé à l'idée d'une révision générale de la loi et on s'est borné à répondre aux vœux les plus pressants, recueillis au cours de l'enquête parlementaire.

Après le dépôt, en 1883 (4), d'une proposition de loi de MM. Reyneau et Gillot, tendant à ajouter à la loi de 1810 plusieurs dispositions relatives aux obligations des concessionnaires et à l'exercice de la surveillance de l'administration, nous arrivons à la proposition de M. Laur qui date du 15 février 1886. Elle comprend

---

(1) Rapport de M. Ducarre, *Journal officiel* des 15-17 août 1874.
(2) *Journal officiel*, 1877, p. 8483 et s.
(3) V. Couriot, *Examen du projet du gouvernement.*
(4) *Journal officiel*, 1883, D. P., p. 1002.

8 titres et 67 articles (1). La lecture de l'exposé des
motifs et des conclusions permet d'en avoir une idée
d'ensemble. L'auteur commence par affirmer le principe de la propriété minière, tel qu'il résulte de la loi
de 1810 ; « c'est, dit-il, une fondation solide qu'il faut
bien se garder d'ébranler », mais il trouve la loi elle-
même vieillie et incomplète, si on l'envisage à trois
points de vue différents. C'est en les examinant tour à
tour qu'il énumère les réformes qu'il se propose d'y
apporter. Au point de vue scientifique, M. Laur ne
limite pas le nombre des corps qui rentrent dans la
classe des mines ; mais, par contre, il supprime complètement la catégorie des minières. Au point de vue
économique et social, il admet la participation des ouvriers aux bénéfices, la réglementation facultative du
travail, de la sécurité, des salaires et des caisses de
prévoyance. Au point de vue « de la prospérité nationale », l'inventeur a désormais, comme cela a lieu dans
plusieurs législations positives, un droit de préférence
pour les recherches. Enfin, la propriété des mines sera
attribuée, non plus simplement par décret comme sous
l'empire de la loi de 1810, mais au moyen d'une loi
présentée aux Chambres par le Président de la République, sur le rapport conforme du ministre des travaux publics, et après avis du conseil d'Etat et du conseil général des mines. Les propriétaires des mines
seront soumis à l'impôt sur le revenu, et les superfi-

____

(1) *Journal officiel*, 1886, *Documents parlementaires*, Chambre des députés, *Annexe*, n. 1170, p. 956 et s. — Cons. aussi l'ouvrage de M. Laur,
Révision de la législation des mines, 1886.

ciaires n'auront droit à la redevance tréfoncière que dans les cas où la mine réalisera des bénéfices. Le retrait pourra être prononcé par le ministre des travaux publics, relativement aux mines abandonnées pendant plus de deux ans, après une mise en demeure restée infructueuse. M. Laur termine le résumé de son projet en disant (1) : « Nos modifications scientifiques dans la classification ont ouvert l'avenir à toutes les hypothèses et à toutes les découvertes. L'ouvrier mineur et l'inventeur ont été l'objet de notre part d'une sollicitude que les courants modernes nous imposaient. Nous avons appliqué les principes de la participation aux bénéfices, de l'impôt sur le revenu, de la liberté commerciale, sûrs qu'avec de pareils guides nous ne pouvions pas faire fausse route. Enfin, nous avons enlevé à la loi de 1810 son caractère transactionnel, pour lui faire revêtir une forme organique, définitive et moderne ». Ces citations font suffisamment saisir l'esprit du projet. Il est de ceux qui, comme le fait remarquer M. Gomel, n'ont pas été uniquement dictés par le souci d'accroître la prospérité minérale, mais aussi par des considérations qu'on est convenu d'appeler démocratiques (2).

Le projet de loi déposé par M. Baïhaut, ministre des travaux publics, au nom du gouvernement, le 25 mai 1886 (3), est comme le précédent inspiré « par le désir

---

(1) *Journal officiel, loc. cit.*, p. 1064.

(2) Gomel, *op. cit.*, p. 5.

(3) *Journal officiel*, 1886, Documents parlementaires, Chambre des députés, *Annexe*, n. 725, p. 1675 et s.

de faire suivre à la France l'exemple donné par la plupart des autres pays, et de la faire profiter des enseignements donnés par les réformes qu'ils ont réalisées dans leur législation ». Comme lui, il supprime la catégorie des minières dont l'inutilité est reconnue d'une façon générale. Mais, pris dans son ensemble, il modifie beaucoup plus profondément la loi de 1810. La réforme la plus importante porte sur la propriété des mines : elle est désormais attribuée à l'inventeur, « c'est-à-dire à celui qui le premier a démontré matériellement l'existence d'un gîte exploitable » et qui a fait sa demande dans les délais prescrits. A défaut d'inventeur ou s'il ne réclame pas la concession, la mine est attribuée par voie d'adjudication publique au profit de l'Etat, sauf dans certaines régions désignées à l'avance où le système de concession par voie d'adjudication est obligatoire. La superficie de la concession à laquelle a droit l'inventeur varie entre 500 et 800 hectares. La validité des recherches est subordonnée à l'obtention d'un permis administratif, et les bâtiments et terrains clos sont protégés d'une façon spéciale. Le titre 4 du projet s'occupe des caractères de la propriété minérale et s'efforce de faire ressortir, bien plus que la loi de 1810, les différences entre cette propriété et celle des autres immeubles. L'inventeur seul a le droit de réunir plusieurs concessions sans autorisation. La redevance tréfoncière est supprimée, et le propriétaire de la surface ne peut que réclamer une indemnité pour les dégâts à lui causés par l'exploitation de la mine, indemnité qui sera fixée d'après les principes du droit commun et prescriptible par un délai de trois ans. L'exploitant peut

étendre ses travaux en dehors du périmètre concédé, à
l'exception de ceux d'abatage; mais en payant dans ce
cas la réparation du dommage sur le pied du double de
la valeur du dégât. La question des mines voisines ou
superposées est résolue par le titre 6, qui se borne à
consacrer les prescriptions actuelles des cahiers des
charges. Les obligations établies par la loi de 1838 sont
étendues au danger quelconque commun à plusieurs
mines. L'impôt se compose d'une double redevance :
l'une progressive de 0 fr. 50 à 4 fr. par hectare, l'autre
proportionnelle s'élevant à 3 % du produit net. Le
titre 8 est consacré à la surveillance de l'administration. La déchéance est prononcée, comme dans le projet
de M. Laur, à la suite d'une cessation de l'exploitation
ayant duré deux ans et de nature à donner naissance à
un danger public. Le régime antérieur subsiste pour
les mines de sel et pour les carrières.

Soumis aux chambres par le gouvernement, le projet
Baïhaut peut servir de base aux délibérations de l'avenir (1); aussi importe-t-il d'en faire une courte critique.
Le projet sacrifie trop, à notre avis, les droits du propriétaire superficiaire à ceux de « ce pionnier intelligent
et heureux » qu'on appelle l'inventeur. Quoique ayant
l'intention de faire une œuvre d'équité et une œuvre
démocratique, il a peut-être par là commis une injustice. Mais ce n'est pas tout. Puisqu'on attribuait le
droit de propriété à l'inventeur, il fallait définir nettement, c'est le projet qui le dit, « comment l'invention
devait être entendue et à quels caractères elle serait

____

(1) Nibaut, *Examen du projet de loi Baïhaut sur les mines*, p. 3.

reconnue ». C'est là l'objet des art. 10 et suivants. Il suffit de parcourir ces textes pour conclure que les formalités qu'ils imposent décourageront nombre d'explorateurs. Les art. 12 et 17 spécialement seront pour beaucoup une gêne permanente. De plus, lorsqu'il s'agira de déterminer qui a découvert la mine, croit-on que l'arbitraire administratif et la faveur n'auront pas leur part d'influence? Qu'on rapproche maintenant l'article 20, stipulant qu'à défaut d'inventeur la mine sera attribuée par voie d'adjudication publique au profit de l'Etat, ne voit-on pas là une intervention abusive du pouvoir? Pourquoi ne pas donner la préférence au premier demandeur, suivant l'ordre d'inscription? Sans insister, pour l'instant, sur les inconvénients que présente l'adjudication en matière de mines (1), n'est-il pas permis de remarquer que cette attribution à l'Etat du droit de vendre la mine prépare dans une certaine mesure, ainsi que le fait remarquer M. Dupont, une nouvelle victoire au socialisme d'Etat?

Mais supposons l'inventeur devenu propriétaire : après avoir satisfait aux nombreuses conditions qu'impose le projet, il va encore se trouver gêné dans l'exploitation par trois nouvelles mesures très critiquables. Il suffit, pour s'en rendre compte, de comparer tout d'abord les sages dispositions de la loi de 1810 qui laisse au gouvernement le soin de déterminer, dans l'acte de concession, l'étendue de l'exploitation (2) avec l'art. 36 du projet, qui établit que l'exploi-

---

(1) Avis du Conseil d'Etat du 2 mai 1878; Gomel, *op. cit.*, p. 24.
(2) Art. 29 l. de 1810.

tant n'a droit qu'à un périmètre maximum de 800 hectares pour les mines de combustible et de 500 hectares pour les autres mines. Sans doute, le projet s'appuie sur des chiffres adoptés à l'étranger (1); il n'en est pas moins vrai que seules, les grandes exploitations ont pu triompher des difficultés techniques comme des obstacles financiers; seules, elles ont permis de diminuer plus facilement le prix de revient et de reporter sur le salaire en nature ou en argent l'économie réalisée. Les concessions d'Aniche (Nord) avec 11,850 hectares, de Lens (Pas-de-Calais) avec 6,232 hectares, du Creusot avec 6,211 hectares, auraient-elles réussi avec un périmètre de 800 hectares ? C'est ce dont il est permis de douter; c'est ce qu'avaient pensé les rédacteurs de la loi de 1810; c'est l'opinion enfin des ingénieurs les plus distingués qui ont soutenu que les conditions géologiques exigeaient chez nous une étendue d'exploitation plus grande qu'en Allemagne, en raison de l'allure irrégulière de nos gîtes minéraux. Une autre mesure très onéreuse pour l'exploitant, dans ses rapports avec le propriétaire de la surface, est prévue par l'art. 67 qui, au cas d'excavation entreprise à proximité de la propriété bâtie, l'oblige à donner des cautions qui pourront être pour lui, en certains cas, une très lourde charge. Enfin le projet du gouvernement innove gravement en augmentant la redevance fixe et en établissant pour elle un taux progressif, bien qu'il réduise

----

(1) Lois prussienne et autrichienne; mais nous ferons remarquer que ces lois ne s'opposent pas à ce que l'on réunisse sur un seul gisement plusieurs mines contiguës.

parallèlement la redevance proportionnelle. Ce mode d'imposition ne tendrait à rien moins qu'à favoriser les exploitations lucratives et à augmenter les charges de celles qui ne le sont pas. Bien plus, outre qu'il est contraire aux principes de notre contribution foncière qui repose sur le revenu net des biens-fonds, il introduit d'une façon détournée l'impôt progressif dans notre législation. Si l'on a cru trouver dans ce système d'impôt « un moyen plus efficace de liquider la question des mines abandonnées », on a sans doute oublié les enseignements des meilleurs économistes, parmi lesquels Rossi qualifie l'impôt progressif de mesure destinée « à paralyser la marche de la fortune publique »; Léon Say, « d'arbitraire »; Mac-Culloch, ajoutant que « c'est établir une imposition sur les riches pour le soulagement des pauvres et non dans l'intérêt du revenu public » (1). Ajoutons, pour que notre critique soit complète, que les auteurs du projet sont tombés dans la même erreur que le législateur de 1810 (art. 103, § 3 du projet). Outre le mot « danger public » dont ils se servent et qui, par son sens peu clair, peut se prêter aux interprétations les plus dangereuses, ils laissent au gouvernement seul le soin de prononcer la déchéance; l'avis du conseil des mines, le recours au Conseil d'Etat sont bien réservés; mais pas d'instruction préalable, ni d'enquête, et l'intervention de la juridiction ordinaire est toujours écartée.

M. Déjardin-Verkinder avait bien saisi le sens des critiques adressées au projet Baïhaut lorsque, le 23 oc-

---

(1) Léon Say, *Dictionnaire d'économie politique,* v° *Impôt.*

tobre 1886, il déposa à son tour une proposition qui n'est, à vrai dire, que le contre-projet du plan proposé par le gouvernement (1). Il suffira d'indiquer les diffé-rences entre les deux. La première porte sur la conces-sion des mines qui ne peut ici avoir lieu qu'en faveur de l'inventeur, l'adjudication publique étant supprimée dans tous les cas. La surface des concessions sollicitées est portée jusqu'à 4,000 hectares au lieu de 800 pour les mines de combustible. Au point de vue des impôts, les propriétaires de mines sont soumis à une contribution unique de dix centimes par tonne de substance miné-rale extraite et vendue. Enfin, M. Déjardin-Verkinder supprime la déchéance dans le cas où la cessation de l'exploitation causerait un danger public, et ne l'admet dans les autres cas qu'après l'avoir fait prononcer par le conseil de préfecture.

M. Vickersheimer accepte aussi, dans sa proposition de loi du 18 novembre 1886 (2), le projet du gouverne-ment, sauf de légères modifications, dont la principale consiste à attribuer à la caisse de retraites des ouvriers mineurs le produit des adjudications des concessions de mines, dans les cas où ces concessions ne sont pas accordées à l'inventeur. Le régime de la redevance fixe est maintenu à raison de cinquante centimes par hec-tare; la redevance proportionnelle est fixée par tonne de minerai extrait, ce qui pourra varier dans les diffé-

---

(1) *Journal officiel*, 1887, Documents parlementaires, Chambre des députés, *Annexe*, n. 1170, p. 959 et s.

(2) *Journal officiel*, 1887, Documents parlementaires, Chambre des députés, *Annexe*, n. 1259, p. 1069 et s.

rentes régions de la France, selon les conditions de gisement ou l'état du marché.

Les quatre projets dont il vient d'être fait une brève analyse avaient été renvoyés à une commission spéciale; celle-ci eut l'intention d'élaborer une loi « en confrontant ces quatre projets avec la législation en vigueur » et « de codifier ainsi toutes les dispositions édictées depuis 1810 ». Il faut lire le remarquable rapport de M. Jacques Piou, président de la Commission (1), et parcourir le résumé des dépositions faites devant elle et qui ont trait à la suppression des minières, à l'établissement d'impôts spéciaux aux mines, au principe de la propriété même, pour se rendre compte de l'esprit du projet et se convaincre, une fois de plus, de la difficulté inhérente à l'établissement de toute modification au texte de la loi de 1810. Cette difficulté a été telle que les décisions de la commission sont restées à l'état de simples propositions. Elle avait adopté le principe du projet Baïhaut. D'après elle, plus de droits pour les propriétaires de la surface, plus de concessions à la discrétion de l'administration; l'inventeur autorisé à faire des recherches obtient la propriété de la mine qu'il a découverte, l'exploite librement, bien ou mal, sans encourir aucune déchéance; seulement, en cas d'abandon, la mine est vendue en justice et le prix de vente est remis au propriétaire. L'administration ne crée plus, à proprement parler, la propriété de la mine; elle ne fait que constater et vérifier le droit de

---

(1) *Journ. officiel*, Documents parlementaires, 1889, *Annexes*, p. 379, 405 et s.

l'inventeur. Les propriétaires de la surface doivent subir les travaux de recherches autorisés ; le permis de recherche équivaut à un arrêt d'occupation temporaire ; les propriétaires ont seulement droit à une indemnité. Le permis de recherche fixe l'étendue du périmètre d'exploration. Après la concession, l'exploitant peut occuper à la surface les terrains nécessaires à ses travaux. Affranchis de toute redevance envers les propriétaires du sol, les exploitants restent soumis à deux taxes spéciales au profit de l'Etat : l'une fixée d'après l'étendue de la concession, l'autre proportionnelle au revenu net.

Le 15 décembre 1893, M. Goblet a déposé un autre projet de loi « tendant à modifier et à compléter les articles 49 et 50 de la loi de 1810 sur les mines » (1). On se rappelle que, dans ces articles, la loi stipule qu'au cas où l'exploitation serait interrompue pendant un certain temps de manière à inquiéter la sûreté publique ou les besoins des consommateurs, le préfet devait aviser le gouvernement, qui statuerait suivant ce qu'il y aurait lieu de faire. On se souvient aussi que, postérieurement, le droit de police réservé à l'Etat a été constamment étendu par les règlements et ordonnances et surtout par la loi de 1838 relative à l'assèchement des mines, loi qui, dans certains cas déterminés, reconnaît au gouvernement le droit de prononcer la déchéance de la concession. Cependant, ces mesures ne paraissant pas suffisantes pour remédier aux diffi-

----

(1) *Journal officiel*, 1893, session extr., p. 294 ; *Journal officiel*, 1894, Documents parlementaires, p. 191.

cultés qui se sont présentées, spécialement à l'interruption du travail causée par les conflits entre les patrons et leurs ouvriers, M. Goblet propose de décider que lorsqu'on se trouvera, non seulement dans les cas qui rendraient applicables les art. 49 et 50, mais encore toutes les fois que la grève se sera prolongée pendant un certain temps sans que l'arbitrage ait abouti ou ait été accepté, « l'Etat sera autorisé à reprendre la mine en vertu d'une décision du Conseil d'Etat ». Si la déchéance n'a pas été le résultat d'une faute de la Compagnie, la reprise de possession ne pourra se faire sans indemnité. Cette indemnité sera calculée sur les dernières annuités du produit de la mine et consistera dans la consolidation, au moyen d'une attribution de rentes sur l'Etat, d'une portion du revenu annuel. La mine, revenue aux mains de l'Etat, sera exploitée directement par lui ou concédée à titre précaire et révocable et à des conditions nouvelles relatives notamment à la durée du travail et à la participation aux bénéfices.

La critique principale que nous pourrions faire de la proposition Goblet résumant celles que nous avons précédemment formulées en parlant de la loi de 1791 ou celles que nous adresserons au système de la mine à l'Etat, nous n'insisterons pas spécialement. Qu'il nous suffise de remarquer que dans cette sorte de reprise de la mine, comme dit le projet, les droits de l'Etat n'auront d'autres limites que son propre désir; et que la liquidation des droits antérieurs, qui pouvaient être à bon droit considérés comme perpétuels, sera pleine de difficultés et d'erreurs.

Toujours sous la pression des partis avancés du

Parlement, qui font uniquement retomber sur la législation les conséquences de faits qui ont leurs véritables causes dans les conditions particulières de notre état social, le Gouvernement a été amené à présenter le 5 mai 1894, par l'intermédiaire de M. Jonnart, ministre des travaux publics, un nouveau projet de loi sur les mines (1). La propriété attribuée à l'inventeur forme encore la base de cette nouvelle proposition. « On enlèvera, y est-il dit, à l'explorateur obscur et sans appui, la crainte qu'il a pu et qu'il peut aujourd'hui concevoir que la mine par lui découverte risque d'aller faire la fortune d'un autre ». Ce projet reproduit d'ailleurs, sauf quelques modifications de détail, l'œuvre de la commission de 1889.

SECTION II

LA MINE A L'ÉTAT

Le système qui se traduit et se résume dans cette formule s'appelle système de la domanialité. Il a une très ancienne origine. A Athènes, en effet, les mines étaient considérées comme appartenant à l'Etat qui en consentait, moyennant un prix fixe et une redevance perpétuelle du vingt-quatrième des produits, des baux a perpétuité transmissibles par vente, héritage ou autrement (2). Si ce système ne semble paraître dans la législation romaine que d'une façon tout à fait incidente, il ne peut pas davantage, nous l'avons déjà dit,

---

(1) *Journal officiel*, 1894, Doc. parl., p. 740.

(2) Bœckh, *Economie politique des Athéniens*, t. II, ch. III.

être regardé comme la base de notre ancien droit minier. Si quelques commentateurs ont soutenu l'opinion contraire en se laissant égarer par les théories obscures des anciens légistes, ou abuser par les usurpations qui avaient pu se produire, il suffit, pour les réfuter, de se rappeler les édits de 1471 et de 1601 où le droit des propriétaires est reconnu en principe, tout en restant subordonné en fait au pouvoir du roi. Depuis, plusieurs économistes ont repris cette thèse et pour eux, l'Etat a remplacé le roi ; les socialistes sont venus ensuite et le peuple a remplacé l'Etat ; mais pas plus l'un que l'autre ne peut affirmer sur les mines un véritable droit de propriété, et les revendications exercées en leur nom sont de pures usurpations. C'est ce qu'auront pour but de prouver les explications suivantes.

Les arguments produits à l'appui du système de la domanialité sont de deux sortes, les uns juridiques, les autres économiques.

Il existe, dit-on, chez toutes les nations, des parties plus ou moins considérables du territoire qui ne sont jamais tombées dans le domaine des particuliers et qui font partie du domaine de l'Etat *lato sensu*. De ce nombre sont non seulement les rivages de la mer, les ports, les fleuves, mais aussi des pâturages, des forêts et des terres cultivées. Pourquoi les dépôts souterrains de charbon de terre, les gîtes de cuivre et d'argent ne feraient-ils pas partie de ce même domaine, quand personne ne se les est encore appropriés ? (1) N'est-ce pas là une application toute naturelle des art. 539 et

---

(1) Ch. Comte, *De la propriété*, p. 22.

713 du Code civil ? Et l'Etat n'est-il pas autorisé à disposer librement et au mieux de ses intérêts de cette
catégorie de biens ? De plus, ajoute-t-on, la valeur des
mines dépend avant tout du milieu social dans lequel
elles se trouvent (1). Si elles avoisinent des chemins
de fer, des canaux, des voies de communication facile ;
si elles trouvent des débouchés dans la proximité des
grands centres de population, les mines seront pros-
pères. Une mine d'argent, située au Mexique, où l'ensemble de ces conditions fait défaut, est d'un rapport
moins important qu'une mine de houille, d'une valeur
intrinsèque moins considérable, mais favorisée par sa
position en Belgique où la civilisation est plus avancée.

Or, ce milieu social qui assure, en grande partie du
moins, l'exploitation fructueuse des mines, qui l'a créé,
si ce n'est le travail accumulé de plusieurs générations,
le progrès insensible, mais permanent des siècles ? La
justice exige que le résultat de cette action prolongée,
de ce travail, que les mines soient attribuées à celui
qui représente les travailleurs du présent et ceux du
passé, à celui qui a créé, développé et perfectionné ce
milieu, à l'Etat.

Le système de la domanialité pure se fonde en outre
sur ce que l'Etat est mieux placé que n'importe quel
particulier, soit pour faire les travaux de recherche,
soit pour diriger les travaux de l'exploitation sur une
vaste échelle, mettre les lieux de production en communication avec les centres de consommation et créer

---

(1) Lehardy de Beaulieu, *Journal des économistes,* mars 1853, mai et
octobre 1855.

ainsi des débouchés aux produits. Sous le régime de l'industrie privée, il arrive que trop souvent les mines sont inexploitées, parce qu'elles ne sont pas reliées aux villes importantes et manufacturières. On dit également que la direction désintéressée des ingénieurs de l'Etat serait plus prévoyante des intérêts de l'avenir. On cite enfin l'exemple de la Prusse, qui pratique ce système pour une partie de ses richesses minières, du Luxembourg et du Japon.

Ce qui attribue à cette théorie une importance exceptionnelle, ce qui fait en même temps que nous l'étudions à cette place, c'est qu'elle forme le fonds de la doctrine d'un grand nombre de propagateurs socialistes. En d'autres termes, ce système compte deux catégories de partisans : les uns, se plaçant au point de vue des principes du droit civil, argumentant en outre d'une sorte de tradition historique et d'avantages exceptionnels, regardent les mines comme des biens domaniaux ordinaires, appartenant à l'Etat en toute propriété ; les autres, ne s'attachant qu'à cette sorte d'évolution nécessaire qui est le point de départ de leurs réformes et qui doit aboutir à la mise en commun des instruments de production, réclament à grands cris le retour à la collectivité des biens dont elle aurait été injustement spoliée. Ainsi les premiers peuvent donner la main aux seconds et entrer dans leurs vues. La demande du retour à l'Etat des exploitations minières date, comme les premiers essais du collectivisme en général, de Collins, Pecqueur et Vidal qui, il y a quarante ou cinquante ans. posèrent les premiers les bases de la distinction entre les richesses actives ou servant à la production et les objets de consommation. Cette idée devait se propager rapidement, car elle pouvait se prévaloir des attaques qu'on a toujours dirigées contre la légitimité de la propriété foncière ; les adeptes de la théorie de la mine à l'Etat trouvaient tout leur programme dans cette phrase de Rousseau : « Vous êtes perdus si vous oubliez que les fruits sont à tous et que la terre n'est à personne » (1). Louis Blanc s'appropria et exposa de nouveau cette doctrine en 1846 : l'Etat, maître du crédit, des chemins de fer et des mines, devait en retirer d'immenses ressources qu'il emploierait, par son ministère du travail, à commanditer des sociétés de travailleurs (2). La conclusion des théories de Lassalle est la création de vastes associations ouvrières commanditées par l'Etat et qui se seraient partagées la richesse issue de la production, en excluant peu à peu du champ industriel le capital individuel (3). Le système de Karl Marx a un caractère encore plus négatif et critique que le précédent ; mais il conclut aussi « à la socialisation du travail et à la centralisation de ses ressorts matériels » (4). Enfin, Benoît Malon, après avoir défini le collectivisme : une conception socialiste comportant l'appropriation commune plus ou moins graduelle de la terre et des instruments de production et d'échange, ajoute : « Vouloir cela, c'est simplement combiner la nécessité du concours

______

(1) *Contrat social,* I, 9, et *Discours sur l'orig. de l'inég.,* 2ᵉ part.

(2) *Organisation du travail.*

(3) Cons. Gide, *Principes d'économie politique,* p. 554, note 1.

(4) V. *Das Kapital* et la trad. française.

pour la production avec la justice économique et les justes exigences de la liberté humaine » (1).

Et ces conceptions, comme dit le célèbre socialiste, ne sont pas demeurées à l'état de simples abstractions ; elles se sont traduites dans des propositions de lois ou des discours au parlement. On lit, en effet, dans l'exposé des motifs de la proposition présentée par MM. Brousse et Giard, le 30 novembre 1882 : « La loi de 1810 est une loi faite au préjudice de la nation, propriétaire des richesses minérales renfermées dans les entrailles de la terre, et au profit de quelques privilégiés qui amassent des fortunes considérables dont la nation devrait jouir. Ces privilégiés cèdent leurs droits à des capitalistes avec lesquels l'Etat n'a jamais traité ; de telle sorte qu'il se forme deux catégories de citoyens, dont l'une est toute puissante et maîtresse souveraine, tandis que l'autre est soumise et souvent opprimée. La République, si elle ne veut pas être une étiquette trompeuse, doit remettre les choses à leur place ; elle rendra à la collectivité ce qui a été ravi à la collectivité, elle fera bénéficier le pays des produits immenses de l'exploitation minière ; elle prendra cette mesure dans

---

(1) *Le socialisme intégral,* p. 325. — Voici encore comment s'exprime un autre écrivain socialiste : « La solution imposée par les nécessités urgentes du salut public, de la justice et de l'humanité, c'est l'expropriation immédiate par l'Etat de tous les charbonnages et le rachat de leurs actions à un taux à déterminer ». Les charbonnages rachetés, l'Etat doit substituer le contrat d'entreprise au salariat. « Cet enfantement est si naturel et si légitime qu'il s'opère pour ainsi dire à notre insu. Il ne s'agit plus que de le faciliter et d'en recueillir les fruits ». Degreef, *Le rachat des charbonnages,* Bruxelles, 1888.

l'intérêt public et afin d'assurer la concorde et le bien-être dans l'avenir » (1). C'est ce qui s'appelle poser nettement la question. Même langage, quoique moins clair, dans la proposition déposée, le 13 mars 1883, par MM. Girodet et Chavanne, et où il est dit : « que la propriété des mines fait retour à l'Etat et qu'ensuite une loi spéciale déterminera leur mode d'exploitation » (2). M. Clémenceau déclarait, dans son rapport déposé en 1885 au nom de la Commission parlementaire sur la situation des ouvriers, « qu'il estimait qu'il fallait revenir au principe de l'aliénation temporaire du domaine national ». Dans la séance du 11 mars 1886, dans la discussion de l'interpellation sur la grève de Decazeville, M. Camélinat dépose un ordre du jour invitant le gouvernement « à s'entendre avec les ouvriers mineurs syndiqués pour l'exploitation de la mine redevenue propriété nationale » (3), ce que M. Michelin justifiait quelque temps après en disant que la mine n'était pas une propriété comme toutes les autres. Dans la séance du 18 octobre 1892, où fut discutée l'interpellation sur la grève de Carmaux, M. Millerand disait « qu'au cas où le concessionnaire mésusait de son droit ou provoquait une grève, le gouvernement avait le droit de s'emparer de la mine et de faire ce qu'il ne faisait pas » (4). Que fait enfin la proposition Goblet, que nous avons mentionnée ci-dessus, sinon essayer de

---

(1) *Journal officiel*, 1884, Doc. parl., p. 588.
(2) *Journal officiel*, 1884, Doc. parl., p. 617.
(3) *Journal officiel*, 1886, Déb. parl., p. 202.
(4) *Journal officiel*, 1892, Déb. parl., p. 1256.

faire passer dans la loi les idées que nous venons de voir exprimer ?

Et il importe de bien de remarquer sur quel terrain se placent les adversaires de la législation actuelle pour amener le triomphe de leurs théories. Une grève éclate-t-elle pour une cause ou pour une autre, ils commencent par affirmer qu'elle a été provoquée par les Compagnies et les patrons ; et comme, ajoutent-ils, on a ainsi compromis la sécurité publique en appelant des représailles, en réduisant à la misère des milliers d'ouvriers, et menacé les besoins des consommateurs en diminuant la production, le retrait de la concession s'impose et doit être prononcé. Sans discuter la question de savoir sur qui doit retomber la responsabilité des grèves, il faut répondre à la question qui se dégage de ces débats et qui peut se traduire ainsi : le fait d'une grève prolongée donne-t-il lieu à l'application de la loi et autorise-t-il le retrait de la concession ? On peut sans crainte, sous le régime de la législation actuelle, opter pour la négative. Outre que ni le législateur de 1810 ni celui de 1838 n'avaient prévu ce cas, adopter la solution contraire serait violer manifestement l'esprit de ces deux lois.

Notre législation n'a pas méconnu l'importance sociale de la mine ; elle a si bien compris qu'elle constitue pour la société un besoin impérieux, qu'elle n'a pas permis que l'Etat abdiquât le droit d'en surveiller la jouissance et d'en réglementer, jusqu'à un certain point, la disposition ; mais elle a voulu avant tout en faire une propriété bien nette et bien caractérisée. Si le défaut d'exploitation ou la mauvaise direction qui lui est donnée peut, en raison de son caractère spécial, entraîner plus facilement des mesures extraordinaires, il est nécessaire, pour le maintien du principe lui-même que, les cas de déchéance ne puissent se multiplier à l'infini. Pourquoi alors, peut-on se demander, le législateur n'a-t-il pas donné une énumération précise et bien limitative de ces cas dans l'hypothèse prévue par l'art. 49? Pourquoi a-t-il conservé, à côté de la nouvelle cause de retrait introduite par la loi de 1838, les mots nécessairement un peu vagues « de sûreté publique et besoins des consommateurs? » A quels caractères le ministre reconnaîtra-t-il qu'une exploitation est restreinte de manière à inquiéter la sûreté publique ou les besoins des consommateurs? Dans quel cas l'activité d'une exploitation est-elle suffisante pour qu'on doive la considérer comme régulière?

Si le législateur a agi ainsi, s'il n'a pas précisé davantage, c'est qu'il ne voulait pas, dans l'intérêt de la propriété minérale elle-même, fixer d'une manière absolue le moment où le ralentissement de l'exploitation amènerait la déchéance, ni les conditions dont la réunion aurait été qualifiée strictement d'abandon légal.

Cela d'ailleurs eût pu être difficile et, dans tous les cas, arbitraire; rien en effet n'est plus variable, plus irrégulier, plus hypothétique, que les circonstances qui règlent le mode d'exploitation et le rendement d'une mine. Disons le mot : le législateur a beaucoup compté sur le bon sens et l'intelligence de l'administration. Ce qui le prouve, ce sont les conseils qu'il donne par l'intermédiaire du rapporteur de la loi de 1838 : « On arme, dit-il, l'administration; mais on l'avertit

qu'elle doit rarement recourir aux mesures extrêmes.
La liberté des spéculations, les droits de la propriété,
les franchises de l'industrie, tout lui fait un devoir de
respecter l'initiative du concessionnaire ». Le Gouvernement lui-même l'entendait bien ainsi ; nous lisons en effet
dans la circulaire ministérielle du 29 décembre 1838(1),
interprétative de la loi précitée : « Avant d'user des
voies de rigueur, il est convenable de bien constater
qu'on s'est trouvé dans l'obligation d'y recourir. Il faut
entendre les intéressés, voir s'il y a des plaintes, recueillir en un mot toutes les informations nécessaires.
Beaucoup de circonstances indépendantes du concessionnaire, des revers de fortune, des procès, des affaires de famille et, quand une concession vient à s'ouvrir,
les difficultés mêmes de l'exploitation ou le manque de
débouchés, peuvent occasionner des interruptions dans
les travaux. D'un autre côté, l'intérêt public n'est pas
toujours menacé parce qu'une mine n'est pas exploitée ».

Ainsi le législateur, en employant les expressions
« sûreté publique et besoins des consommateurs », a
circonscrit dans des limites assez étroites les pouvoirs
de l'administration ; mais par cela même qu'il s'agit ici
d'une question de fait, comportant une appréciation
des circonstances, il a dû lui laisser une certaine liberté
d'action, tout en lui recommandant de ne pas en abuser. La pratique s'est toujours inspirée de ces sages
idées : toutes les fois qu'elle a tenté de s'en écarter,
les critiques et la force même des choses l'ont ramenée
dans la voie tracée par le législateur.

____

(1) Vuatrin et Batbie, *op. cit.*, p. 1242.

Au surplus, le fait de la grève, envisagé en lui-même, n'est susceptible ni de rentrer dans les prévisions de la législation actuelle, ni d'être converti en une cause spéciale de déchéance dans l'avenir. D'une part, en effet, la grève est essentiellement une crise, c'est-à-dire un état de fait anormal et passager, tenant aux causes les plus diverses, comme ayant les objets les plus variés : vouloir en faire une part de la législation, c'est détruire la stabilité et l'unité de celle-ci. D'autre part, la grève systématique, celle qui tend à déposséder le patron et non pas seulement à améliorer les salaires, est un cas de force majeure comme l'incendie ou l'inondation de la mine; vouloir dépouiller le concessionnaire de sa propriété pour ce motif, serait aussi injuste que de lui retirer la mine lorsque l'invasion des eaux souterraines vient empêcher provisoirement toute exploitation. Est-il vrai d'ailleurs d'affirmer qu'il y ait beaucoup de grèves de nature à provoquer des troubles dans la vie économique d'un pays? S'il est impossible de ne pas reconnaître que les grèves dans les mines présentent un danger spécial en raison du petit nombre des concessions et de la multitude des ouvriers, ne peut-on pas avancer, comme le disait la circulaire que nous citions tout à l'heure, que l'intérêt public n'est pas toujours menacé parce qu'une mine n'est pas exploitée? Les collectivistes supposent d'ailleurs trop gratuitement que le retrait une fois exercé, l'Etat aura un droit de mainmise temporaire sur la concession; aux termes de la loi, l'Etat doit aussitôt procéder à la mise en adjudication (1). Et alors, ce qui va arriver est

____

(1) Loi de 1838, art. 6.

facile à prévoir : l'ancienne compagnie munie de son outillage se présentera et se verra adjuger la concession ; rien n'aura permis de l'écarter. Si l'on veut entrer dans la voie que l'on propose et armer le Gouvernement, suivant l'expression consacrée, il est impossible d'arrêter les modifications aux articles 49 et 50 de la loi de 1810 ; si on touche à cette clef de voûte du système régalien, tout l'édifice s'écroule. Que vaut l'ensemble des principes qui doivent lui être substitués ?

Et tout d'abord, si on remonte aux principes généraux du droit, les mines ne peuvent pas faire partie comme les fleuves, les rades, les ports, de ce domaine public national qui échappe de toute nécessité, et c'est là son caractère propre, par sa nature ou sa destination, à l'appropriation privée. Nous ne croyons pas davantage qu'on puisse les faire rentrer dans le domaine privé ou domaine de l'État proprement dit. Le domaine privé de l'État comprend en effet les choses susceptibles de propriété et qui de fait sont entrées dans le patrimoine de l'État. Or, on peut bien convenir avec Regnault d'Epercy que les richesses minérales sont des bienfaits de la nature, il n'y aura jamais là, en dépit des raisons invoquées par Charles Comte, un motif suffisant pour conclure qu'elles appartiennent à l'État. La mine, nous l'avons déjà vu, n'existe en tant que bien que du jour de l'acte de concession qui fait de cette chose, jusqu'alors hors du commerce, une de celles qui peuvent faire l'objet d'un droit. Jusqu'alors l'État lui-même n'a sur elle aucun droit de propriété, pas plus que sur l'air qui recouvre la surface. L'article

539 ne peut fournir aucun argument à l'appui de la théorie de la domanialité, car ces biens vacants et sans maître, dont il institue l'État propriétaire, rentrent dans la catégorie des choses dans le commerce, dans la catégorie des biens. De plus, s'il existe chez toutes les nations des parties de territoire, par exemple des forêts, des terres cultivées et des pâturages qui se trouvent hors du domaine des particuliers et rentrent dans celui de l'État, c'est que ce dernier en a acquis la propriété à un titre quelconque, par un mode du droit commun, comme l'eût pu faire tout autre et non parce que sa qualité d'État la lui conférait naturellement : soutenir une telle doctrine amènerait fatalement à nier la légitimité de la propriété privée.

Le second argument présenté pour défendre le système de la domanialité consiste à affirmer l'espèce de dépendance existant entre les mines et le milieu social. On ne saurait méconnaître la part de vérité qu'il renferme ; mais il n'est pas spécial aux industries extractives, il peut aussi bien être invoqué pour les autres branches des industries de production. La propriété superficiaire dépend également beaucoup du milieu social. Les terrains ont plus de valeur quand les procédés de culture sont perfectionnés et simplifiés, quand ils avoisinent les routes, les chemins de fer ou les grands centres industriels. On en a un exemple bien souvent cité dans le prix extraordinaire des terrains parisiens. Et cette influence du milieu social ne se fait-elle pas sentir sur la propriété mobilière elle-même ? Les perfectionnements dans l'outillage ne font-ils pas revenir à meilleur prix les objets manufacturés ; les moyens de transport, — ce puissant trait d'union entre l'offre et la demande, — n'en augmentent-ils pas la valeur? En se plaçant à ce point de vue, on peut dire que le prix est un effet des améliorations apportées au milieu social. Si on adopte ce point de départ, il faut attribuer à l'Etat créateur de ce milieu social, non seulement l'universalité du tréfonds, mais la propriété superficiaire, et adopter la thèse collectiviste tout entière (1).

Mais il est une autre critique que l'on peut adresser à cet argument, c'est de s'attacher uniquement à un élément d'appréciation et de négliger tous les autres. Parmi ces derniers, il en est un qui présente tout au moins une importance particulière, spécialement en matière de mines : nous voulons parler des capitaux dépensés pour la mise en valeur. Par exemple, M. Vuillemin, directeur des mines d'Aniche, a prouvé que les trente-trois sociétés concessionnaires des mines de houille ouvertes dans les bassins du Nord et du Pas-de-Calais, avaient dépensé réellement ou immobilisé, depuis leur origine jusqu'en 1883, un capital de 346 millions correspondant à 40 francs par tonne de houille extraite annuellement. Admettant que les mines de houille avaient, dans les autres bassins français, immobilisé pour créer leur exploitation le même capital de

____

(1) Et, en effet, cet argument forme le fonds de la doctrine de certains auteurs qui, prenant comme S. Mill ou Henry George, la loi de la rente foncière ou celle de l'*unearned increment* pour point de départ de leur système, attribuent à l'Etat la propriété du sol ou le font bénéficier d'un impôt progressif destiné à absorber la plus-value créée par le milieu social.

40 francs par tonne, il arrivait au chiffre total de 800 millions pour l'ensemble des 336 houillères exploitées en 1880, puisque la production était cette année-là de 20 millions de tonnes.

Il ne s'agit donc pas d'un élément négligeable. Si les mines doivent devenir la propriété de l'Etat, il faudra indemniser les concessionnaires, il faudra procéder à un véritable rachat; et qui ne voit, d'après ce que nous venons de dire, les conséquences de cette mesure pour le budget national? En effet, si l'on professe quelque respect pour les droits antérieurement acquis, il est nécessaire, non pas seulement de désintéresser les concessionnaires « d'après les dépenses faites et les bénéfices retirés », mais de procéder à une véritable expropriation « dans les formes légales, moyennant les indemnités qui seront fixées par le jury ». La propriété des mines appartenant dans notre pays au concessionnaire et le retrait administratif des concessions étant limité à des cas bien déterminés par la loi, il faut exproprier le concessionnaire et l'exproprier comme un autre.

Quand l'Etat aura ainsi procédé vis-à-vis de l'universalité des concessionnaires, pourra-t-il, à l'égard de ceux qui objecteraient les inconvénients financiers d'une pareille mesure, se prévaloir de son utilité et de sa justice?

L'utilité ne pourrait exister que s'il était sûr de réaliser lui-même des bénéfices semblables à ceux dont on tire argument contre les compagnies, ce qui paraît tout au moins douteux, ainsi que nous le verrons dans la suite. Si ces bénéfices lui font défaut et qu'il ne puisse faire face à ses énormes déboursés, il lui faudra déposer son bilan. Aura-t-on du moins obtenu dans la répartition des richesses un résultat appréciable? On peut encore répondre négativement. A moins qu'il ne s'agisse de conclure des marchés ruineux, sous le poids desquels l'industrie minière serait destinée à succomber, les anciens concessionnaires vont comme précédemment se présenter aux enchères; forts des moyens dont ils disposent à l'avance, ils pourront évincer leurs concurrents et reprendre ainsi, à des conditions différentes, l'exploitation de la mine dont ils avaient été expropriés la veille.

Quant à la justice de cette combinaison, elle n'apparaît nullement si, laissant de côté les considérations déjà exposées, on se place au point de vue du monopole dont elle sera la source. L'Etat a certains monopoles, mais ils ont leur origine dans des nécessités fiscales ou dans les dangers attachés à la fabrication de certains produits. La nécessité d'un monopole n'existe pas pour les mines. Elle n'apparaîtrait que s'il était démontré que l'Etat exercera mieux que tout autre, et pour le plus grand bien de la société, le droit d'exploitation. Or cette preuve est loin d'être faite. Nous avons déjà vu les funestes effets des monopoles établis par l'ancien droit. Ils se reproduiraient aujourd'hui et avec plus de force. Certaines substances minérales, comme la houille et le fer, sont loin en effet de rentrer dans la catégorie des choses dont on peut librement réglementer la disposition : elles sont devenues, à l'heure actuelle, un élément si important et si indispensable de la vie économique et industrielle, qu'on ne peut, sans crainte de donner naissance à des dangers pour la richesse publique et la société même, faire de l'Etat le maître incontesté de la fortune du pays tout entier. Renoncer aujourd'hui au principe de la libre concurrence en matière d'exploitation de mines ne serait pas seulement détruire l'un des stimulants les plus essentiels du progrès, ce serait la ruine complète des anciennes exploitations et la destruction de la production nationale.

Attribuer à l'Etat la propriété des mines, c'est lui laisser, comme à tout propriétaire, le droit d'en disposer en les exploitant lui-même ou en choisissant les moyens les plus propres à les faire fructifier.

La question qui doit se poser à l'Etat avant d'entreprendre lui-même l'exploitation générale des gîtes minéraux est celle-ci : est-ce là le meilleur moyen à prendre pour tirer parti de cette source de la richesse nationale? La réponse est claire, car elle est basée sur les principes économiques et fortifiée par des arguments tirés de l'examen des entreprises industrielles placées sous la direction de l'Etat.

L'exploitation des mines est une affaire tout comme le creusement d'un canal ou la construction d'une voie ferrée. C'est dire qu'elle ne rentre nullement à titre obligatoire dans les attributions de l'Etat et que ce dernier, s'il en assume la direction, peut tout comme un autre particulier y réussir ou y perdre. Bien plus, cette branche particulière des industries de production présente un caractère aléatoire qui est bien plus accentué que dans toutes les autres. Les travaux de recherches sont fort longs, fort coûteux et ne font connaître souvent que d'une façon très imparfaite la situation du gîte

minéral. Cette considération est particulièrement vraie
pour la France : les filons y ont une direction très irrégulière et les couches combustibles sont souvent placées à des profondeurs presque inaccessibles. Si dans
d'autres Etats, notamment en Prusse, on trouve appliqué le système de la domanialité, c'est que les avantages résultant de la condition géologique du sol ont
paru suffisants pour compenser les inconvénients de
cette théorie.

Quoi qu'il en soit, on ne saurait admettre que la
mise en œuvre par l'Etat constitue le meilleur mode
d'exploitation. Elle est sujette, au contraire, à bien
des critiques. M. Paul Leroy-Beaulieu les a résumées
en disant de l'Etat : « qu'organisme pesant, uniforme,
lent à concevoir et à se mouvoir, il est propre à certaines tâches générales. La faculté inventive, le don
de l'adaptation rapide lui manquent » (1). Il suffit de
développer cette idée pour se rendre compte qu'on ne
peut attendre de l'Etat une exploitation économique.
Les agents qui le représentent n'ont pas, en effet, cette
vigilance et ce zèle qu'inspire la préoccupation de l'intérêt privé. Les règles strictes auxquelles l'Etat ne
peut renoncer dans son administration, et qui présentent d'ailleurs un certain caractère d'immutabilité,
paralysent les efforts individuels. Celui qui travaille
pour son compte a le secret de l'économie, le vif désir
de mieux faire ; il ne cesse de perfectionner ses métho-
des d'outillage et de chercher les meilleurs débouchés
à ses produits ; pour tout dire, il ne perd pas de vue

---

(1) *L'Etat moderne et ses fonctions*, 2ᵉ édit., p. 435.

la rémunération du capital et soumet l'exploitation qu'il dirige à des considérations commerciales. L'Etat au contraire, n'a aucunement le souci des capitaux engagés ; il dirige l'entreprise d'après les vues qu'il estime conformes à l'intérêt général, mais qui sont loin d'avoir pour but l'augmentation des recettes ; il se rend plus difficilement aux réformes ; en un mot, il exploite plus cher et moins bien.

Qui ne voit, en outre, d'après l'expérience de l'heure présente, que des difficultés sans nombre peuvent compliquer les rapports des mineurs et du gouvernement, tantôt amené par des considérations politiques à élever démesurément les salaires et obligé, par conséquent, de produire à perte, tantôt conduit à sévir contre les ouvriers dont il a la direction et s'ils manifestent quelque résistance, à les traiter en rebelles ? Pour avoir impunément franchi le cercle de ses attributions, l'Etat aura ainsi encouru une responsabilité énorme : la collectivité, naturellement portée à lui adresser des reproches, attribuera à son impéritie l'échec de l'entreprise dont il s'était témérairement chargé.

Au surplus, le témoignage de l'histoire vient confirmer ce que nous avançons. Dès le xv⁰ siècle, la royauté française, tout en créant un grand maître superintendant des mines chargé de les mettre en valeur, se reconnaissait en fait impuissante à les exploiter directement ; plus tard en 1601, nous avons vu Henri IV aller jusqu'à renoncer à son droit du dixième sur les mines de houille et de fer. L'industrie minérale était peu florissante en Toscane : un édit du 13 mai 1788 y abolit tous les droits de la couronne sur toute espèce de mines et de minerais, et la Toscane s'enrichit aussitôt par l'exploitation des métaux. De même, l'Espagne, au commencement du XVIIIe siècle, fut obligée d'abandonner le régime de l'exploitation directe, mis en vigueur par les lois d'Alphonse X et de Philippe II.

Les partisans du système de la domanialité ont si bien saisi les inconvénients de l'exploitation directe par l'Etat qu'ils ont proposé divers moyens d'y remédier. Ce sont ces divers moyens qu'il nous reste à examiner, en recherchant si, par leurs défauts mêmes, ils ne doivent pas être écartés comme le principe duquel ils découlent.

Le socialisme pratique, forcé de compter avec les inconvénients de l'exploitation administrative, a fini par admettre les concessions individuelles; mais il les veut limitées à un temps déterminé et accordées par voie d'adjudication publique au plus offrant et dernier enchérisseur. Par la concession temporaire, disent les adeptes de cette théorie, la nation reprend la possession de la mine après un certain nombre d'années, elle conserve ainsi son bien; pour obéir à l'idée inspiratrice de la loi de 1791, il faut revenir au système organisé par elle; en mettant en vigueur le principe de l'adjudication, on assure immédiatement une recette à l'Etat, on évite le reproche de favoritisme et de fraude adressé à la loi de 1810. Ces dispositions d'ailleurs ne sont nullement exorbitantes du droit commun, elles sont de règle pour les travaux publics, canaux, chemins de fer, ponts à péage, etc.

Si cette forme de socialisme est plus pratique, elle n'est pas, dans tous les cas, la plus conséquente par rapport aux principes qui l'ont inspirée. On ne trouvera des adjudicataires sérieux que s'ils peuvent compter sur un bénéfice assez important; car nous avons plusieurs fois répété qu'il faut d'abord, pour engager les travaux, une mise de fonds, et que même après les premières dépenses, l'exploitation reste fort aléatoire. Mais si l'adjudicataire retire de son contrat le bénéfice sur lequel il a compté, voici qu'on ravit encore à la collectivité ce qui lui revient naturellement; l'Etat ne concentre plus entre ses mains « les produits immenses de l'exploitation minière », et alors les choses doivent être remises en état. Pour être logique, l'Etat doit tout exploiter pour tout garder.

Prenons maintenant séparément les deux termes de cette théorie : l'adjudication et la limitation de la durée de la concession.

Et tout d'abord pour l'adjudication, on a quelquefois tiré argument, pour proposer de la mettre en pratique, d'avis émis par le conseil général des mines en 1848, 1873 et 1874 (1). Ces avis sont exprimés sous une forme de nature à annihiler toute la preuve que l'on prétend en faire sortir; il sont restreints « au cas où il s'agirait d'une substance minérale dont les conditions de gisement parfaitement connues ne donnent lieu à aucun mérite d'invention ». Or, ce cas est-il si fréquent qu'il vaille la peine d'en parler? Si la pratique de l'adjudication se conçoit à la rigueur pour des pays neufs, les colonies par exemple (2), elle est absolument impossi-

---

(1) Ditte, *op. cit.*, p. 22.

(2) Lamé-Fleury, Rapport sur la réglementation des mines en Annam et au Tonkin, *Journal officiel*, 6 décembre 1884.

ble en France, relativement à un sol déjà exploité, où les couches sont plus irrégulières et plus inaccessibles qu'ailleurs. La première condition de tout adjudication est en effet que celui qui soumissionne se rende compte de la tâche qu'il entreprend et de ses conséquences ; cette condition paraît ici très difficile à réaliser, et c'est ce qui doit empêcher l'assimilation des mines aux travaux publics. De plus, la mise aux enchères, qui a pour principe la libre concurrence, suppose que l'Etat n'a point d'intérêt majeur à ce que telle personne soit adjudicataire plutôt que telle autre. Tel n'est pas le cas ici. La nature même de l'affaire, où les intérêts les plus graves sont engagés, fait un devoir à l'Etat, pour remplir la mission qui lui incombe, de n'accorder la concession qu'après un libre examen de l'aptitude et des garanties des prétendants.

Quant à la limitation de la durée de la concession qui forme la seconde partie de ce système, il nous suffira, pour finir de réfuter cette idée, de compléter les critiques que nous avons déjà formulées en parlant de la loi de 1791. Il est étrange que l'on veuille encore renouveler une expérience aussi dangereuse. L'Etat a-t-il donc un intérêt si important à ce que les mines lui reviennent après avoir été exploitées pendant quelque temps ? Le travail souterrain ne laisse après lui que des ruines. Du tréfonds déjà exploité, rien ne reste qui puisse faire retour à la nation, sinon quelques installations accessoires destinées à devenir bientôt insuffisantes ou inutiles. Sans doute, si une loi de spoliation ou de rachat venait tout à coup surprendre une exploitation en pleine activité, elle mettrait sous la main du gouvernement certaines valeurs productives, telles par exemple que les galeries à moitié exploitées. Mais il serait téméraire de supposer que dans cette sorte de marché à temps, l'entrepreneur se laissera surprendre par l'échéance : la connaissant par avance, il restreindra ses travaux et cherchera seulement la rémunération du capital engagé. Le système de l'attribution de la mine par voie d'adjudication et pour un temps limité est du reste en lui-même si peu pratique qu'il ne saurait être adopté pour des cas spéciaux, ni restreint, comme le proposent certains auteurs, au cas des mines à concéder dans l'avenir (1). L'application de ce systeme entraîne nécessairement l'obligation du rachat des anciennes concessions. Il est impossible de supposer que l'Etat laissera subsister à côté de certaines exploitations ayant le caractère de la propriété, favorisées par les avantages qu'entraîne ce droit, une industrie pour qui son mode de constitution même et sa durée restreinte seraient une cause permanente de faiblesse. Les adjudicataires pour un temps limité ne peuvent entrer en concurrence avec les concessionnaires vivant en paix sous le régime libéral de 1810. Pour remédier à ces conséquences, on serait obligé de prendre un parti beaucoup plus grave et de donner à la loi un effet rétroactif.

A défaut de ce tempérament apporté au système de la domanialité pure, on en a proposé deux autres qui permettraient quand même à l'Etat de retirer un profit de la propriété des mines : la mise en location ou l'éta-

---

(1) Gide, *Principes d'économie politique*, p. 499, note 1.

blissement d'un impôt spécial, plus sérieux que la redevance établie par la loi du 21 avril 1810. Ces deux solutions ne sauraient faire tomber les critiques que nous avons adressées au système de la domanialité lui-même. La condition des mines ne pouvant être inégale, elles entraînent aussi la nécessité du rachat des anciennes concessions. En ce qui concerne la location, outre que nous avons vu que la jurisprudence et la doctrine sont en désaccord sur le point de savoir si les mines peuvent faire l'objet d'un contrat de louage, ce mode de disposition entraîne, à notre avis, les mêmes inconvénients que l'adjudication publique. La faculté que donne en effet à l'Etat son droit de propriété de disposer librement des mines au profit d'un concessionnaire de son choix, et de débattre librement avec ce dernier les conditions de la cession, l'entraînera nécessairement à ne traiter qu'avec le plus offrant. Il y aura dès lors une véritable mise aux enchères de la mine, et cet état de choses aura pour conséquence de soumettre le concessionnaire aux obligations les plus onéreuses et de l'empêcher de mener à bonne fin son entreprise. Quant à l'impôt, il ne peut être augmenté d'après l'arbitraire du législateur; il constitue seulement la juste compensation de la valeur que les mines empruntent au milieu social et des sacrifices faits par l'Etat. Mais les charges qui pèsent sur l'industrie minière ne sont-elles pas déjà assez lourdes? L'Etat, qui n'accorde aux compagnies minières ni subventions, ni garanties d'intérêt, doit-il se laisser guider par des considérations fiscales au lieu d'attirer du côté de cette industrie l'esprit d'entreprise et les capitaux? Il empêcherait ainsi la création de nouvelles exploitations et, en augmentant le prix de revient, ferait tomber finalement le surcroît des charges sur la consommation, c'est-à dire sur le commerce tout entier.

Il reste enfin à signaler, comme tendances pratiques du système de la domanialité, deux autres moyens imaginés pour faire profiter l'Etat du tréfonds minéral : réserve de la condition de rachat au gré de l'Etat ou du droit de se porter actionnaire dans les sociétés de mines. Il nous suffira, pour écarter le premier de ces moyens, de dire que ses inconvénients sont plus graves que ceux de la concession limitée à une durée déterminée, car il augmente l'incertitude et les risques de l'exploitation. Quant au second moyen, qui consisterait, pour le gouvernement, à entrer dans les entreprises de mines comme associé pour une part quelconque, variable suivant les espérances de produits qu'on pourrait concevoir, nous en comprenons dans une certaine mesure l'application, là où les capitaux étant rares et l'industrie peu développée, l'intervention de l'Etat est rendue nécessaire ; mais nous le repoussons au cas où il s'agit de tarir, au préjudice de l'industrie privée, la source d'une partie des profits, en y faisant participer le gouvernement. Le rôle que l'on veut faire jouer à l'Etat est contraire à sa conception même : c'est vouloir favoriser son enrichissement, en lui permettant la concurrence avec les activités industrielles ; c'est vouloir lui accorder le droit de prélever une sorte de dîme sur le travail des citoyens ; c'est vouloir enfin, sous une forme déguisée, le rendre maître de la totalité des exploitations.

Le moment est venu d'établir une différence entre le rôle qu'on entend faire jouer à l'Etat et celui qui lui convient rationnellement et de dégager, à l'aide des notions que nous avons déjà recueillies, la notion plus approfondie du droit régalien. Elle nous sera donnée par la comparaison de ce système avec la théorie de la domanialité. Ces deux théories laissent de côté le point de vue individuel auquel se placent les deux systèmes de l'accession et de l'occupation; elles s'inspirent uniquement d'une sorte de droit supérieur en vertu duquel, ainsi que l'affirmait la loi du 28 juillet 1791, les mines sont à la disposition de la nation. Comment cette formule doit-elle être comprise? Voilà le point où elles se séparent. Le système domanial se place au point de vue de l'être moral, prince ou Etat comme on voudra l'appeler, qui personnifie la société; c'est lui qui, avant toute exploitation, est propriétaire de la mine enfouie dans le sol, qui peut l'exploiter lorsqu'elle a été découverte ou qui la concède; dans ce dernier cas, c'est lui qui stipule, c'est lui qui se réserve une partie des bénéfices que procurera l'extraction. Tout autre est l'idée que se fait le droit régalien des prérogatives de la nation. Il n'envisage que l'intérêt de l'ensemble des citoyens; il se préoccupe exclusivement d'assurer la prospérité générale, le développement de la richesse commune qui n'est que l'ensemble des fortunes privées, l'activité de l'industrie; il est soucieux de procurer une mise en valeur intelligente, économique et satisfaisant aux besoins de la consommation. Les mines ne sont plus la propriété de l'Etat; ce sont, avant toute exploitation, des biens sans appropriation, des *res nullius*.

Toutefois, il importe que ces richesses qui existent à l'état latent soient utilisées et qu'on en tire le parti le plus avantageux ; la société a donc droit à l'exploitation des mines et à la meilleure exploitation. De là découle l'intervention du gouvernement en cette matière ; il agit, non comme représentant de l'Etat, mais comme organe de la collectivité.

C'est cette idée qu'a eue en vue le législateur de 1810 lorsqu'il a fait, dans l'art. 16 de la loi, le gouvernement « juge » des motifs de préférence entre les demandeurs. Le gouvernement n'est pas un propriétaire, c'est un arbitre des intérêts en cause ; et c'est précisément pour ce motif qu'il ne peut concéder sur les mines tels droits qu'il lui plaît, perpétuels ou viagers, révocables ou non, comportant suivant les cas telles ou telles attributions. Son choix une fois fait, la mine concédée, le demandeur qu'il a désigné voit ses prérogatives et ses obligations fixées par la loi elle-même. Elles sont dans tous les cas celles d'un véritable propriétaire, car, aux yeux de la loi la mine est essentiellement le produit des travaux d'appropriation exécutés par l'exploitant et qui ont créé sa valeur ; elle ne préexistait pas à cette prise de possession, et n'a pas été l'objet d'une libéralité ou d'une vente conditionnelle de la part de l'Etat. L'acte de concession n'a pas le caractère d'un contrat. C'est là l'idée inspiratrice du régime régalien. Dans le système de la domanialité, si l'Etat concède la mine, il y a un véritable contrat : le gouvernement en débat les clauses comme partie, stipule à son profit certains droits de résolution ou de retour. D'après le droit régalien, au contraire, la concession procède d'un acte de la puissance publique; le gouvernement n'a pas à l'encontre des mines d'autres pouvoirs que ceux dont il est armé vis-à-vis des propriétés ordinaires; s'il est forcé d'intervenir pour protéger la consommation publique compromise par la cessation ou le ralentissement de l'exploitation, il doit procéder, comme toutes les fois que l'utilité publique est en cause, à une véritable expropriation avec ventes aux enchères et attribution du prix au concessionnaire dépossédé.

En résumé, le système de la domanialité reconnaît à l'Etat un droit de propriété sur les mines comme sur tous les autres biens de son domaine; le système régalien ne lui accorde que la souveraineté ou l'empire, suivant l'expression de Portalis. La confusion qui a souvent existé entre ces deux droits explique la tendance de certains auteurs à ne pas les distinguer. Il convenait, en rapprochant les deux théories, d'insister sur les différences bien marquées qui existent entre elles.

SECTION III

LA MINE AUX MINEURS

On a beaucoup parlé, au cours de ces dernières années, de la mine aux mineurs, certains publicistes voyant dans cette théorie le système et le mode de disposition de l'avenir, d'autres ne la jugeant que comme une tentative destinée à disparaître avec le temps. Elle mérite tout au moins plus qu'une simple mention et forme le complément de l'exposé actuel de la question.

La théorie de la mine aux mineurs repose sur les

principes suivants : tout ce qui vient des producteurs doit leur revenir intégralement ; il faut que le prélèvement capitaliste cesse d'appauvrir chaque jour les organismes de la classe ouvrière ; pour employer la formule bien connue « il faut que tout aille au travail ». Pour atteindre ce but, il est nécessaire de substituer aux formes actuelles d'entreprise, où la direction et le capital confondus ne demandent aux ouvriers que la main d'œuvre et ne leur donnent que le salaire, un autre mode de constitution des entreprises par coopération, qui respecte leurs droits en leur ouvrant la perspective du partage des profits. Pour que tout aille au travail, le capital, au lieu d'être représenté par des actions appartenant à des particuliers, doit appartenir aux travailleurs ; par suite, les coupons d'intérêts des actions ou obligations de charbonnage, représentant la valeur des tonnes de houilles extraites par le travail des mineurs, leur seront attribués. La mine sera mise en activité, non plus par ces collectivités qui se nomment les sociétés ou l'Etat, mais par le groupe ouvrier lui-même agissant pour son compte : alors elle pourra être regardée comme la propriété collective de chaque mineur, indivise même dans sa représentation. On peut parfaitement concevoir des associations exclusivement formées de mineurs, ayant un capital collectif représenté en actions, lesquelles actions seraient propriété individuelle. C'est une forme spéciale de la société coopérative de production : les ouvriers associés dirigent l'emploi du capital par eux souscrit ou prêté par des capitalistes non sociétaires.

L'idée d'une association ouvrière créée en vue de

l'exploitation des mines n'est pas absolument nouvelle, quoique les formes sous lesquelles elle s'est déjà présentée soient un peu différentes des essais tentés à notre époque pour mettre en pratique la théorie que nous exposons.

Bien avant la Révolution, nous trouvons des mines exploitées en commun par les habitants de plusieurs bailliages. Telles les mines de sel gemme de Salies-de-Béarn dont l'histoire remonte à l'an 1010, et celle de Rancié, dans l'Ariège, qui appartient depuis un temps immémorial aux habitants de la vallée de Vicdessos (1). Une ordonnance royale du 31 mai 1833 réglementait cette dernière exploitation. Chaque mineur devait se rémunérer par la vente du minerai, qu'il ne pouvait d'ailleurs extraire qu'en quantité limitée. Un projet de loi déposé par le gouvernement, le 2 mai 1892, tend à attribuer l'exploitation à un comité directeur élu par les conseils municipaux de la vallée et ayant pour associés les ouvriers du pays (2). Les entreprises dont il nous reste à parler sont de création plus récente ; de plus, elles ne présentent pas ce caractère de propriété communale qui semble affecter particulièrement les mines de fer de l'Ariège. A vrai dire, elles ne sont que des expériences, des essais tentés pour voir ce que peut donner, appliquée aux mines, l'idée coopérative ; ce qui le prouve, c'est que les deux sociétés de Rive-de-Gier et de Monthieux se sont fondées sur les ruines

(1) V. Fougerousse, *La mine aux mineurs : monographie des mines de Rancié.*

(2) *Journ. offic.*, 1892, Déb. parl., p. 647.

des anciennes compagnies concessionnaires, en 1886 et en 1891 (1).

La compagnie ouvrière de Rive-de-Gier est une société civile, anonyme, à capital et personnel variables. La durée de la société est illimitée ainsi que le nombre de ses associés. Elle ne peut prendre fin que par le vote d'une majorité des neuf dixièmes des actions ou en cas de perte des trois quarts du capital social. Tous les sociétaires, fondateurs, président, administrateurs, aussi bien que manœuvres, piqueurs et mineurs, n'ont droit qu'à une action de 100 fr. payée par eux, soit en totalité en souscrivant, soit au moyen de recouvrements ou retenues meusuels. L'assemblée générale prononce, dans certaines conditions, sur l'admission des nouveaux actionnaires, qui sont recrutés parmi les ouvriers occupés aux travaux. L'art. 12 des statuts établit nettement l'indépendance de la société vis-à-vis de ses membres. Si un associé décède, se retire ou est exclu, la société ne doit compte à ses héritiers ou à lui-même que du montant de son action invariablement fixé à 100 fr. et de l'intérêt à 5 % couru alors, sans qu'il ait le droit de rien réclamer sur l'actif de la société. Les ouvriers actionnaires de la société de Rive-de-Gier prélèvent jusqu'à 80 % des bénéfices pour constituer la réserve ; le reste est consacré à l'alimentation de la caisse des secours. On y trouve, comme dans toute société anonyme, une assemblée générale des actionnaires, un conseil d'administration

---

(1) Cons. Regnault et Waton, *Les nouvelles compagnies ouvrières* (*Rev. d'écon. pol.*, 1893, p. 625).

et des commissaires. Le prix des journées est identique à celui des compagnies ordinaires.

La société des mines de Monthieux semble être plus connue du public que la précédente, soit parce que ses fondateurs n'ont pas craint d'ajouter à sa dénomination l'épithète de « mine aux mineurs », soit surtout à cause de son existence beaucoup plus mouvementée. Comme à Rive-de-Gier, la société est anonyme, à capital et à personnel variables, indépendante des membres qui la constituent, et pouvant durer indéfiniment. Mais son organisation est peut-être un peu plus compliquée. Tout ouvrier, dès son entrée à la mine, reçoit une action et devient sociétaire aussitôt. Il n'a pas besoin d'accomplir de stage ni d'opérer de versements. A plus forte raison, lorsqu'il se retire, n'a-t-il droit à aucune partie de l'actif social ; il n'a pas eu à verser le montant de son action, il la laisse en partant. Ce sont là les actionnaires-sociétaires qui travaillent à la mine et qui ont droit à une part de bénéfices. Nous trouvons à côté d'eux les actionnaires-détenteurs qui, outre leur action, en détiennent une ou plusieurs autres destinées à être attribuées aux embauchés ; et les actionnaires-syndiqués, titulaires d'actions ne rapportant pas intérêt et qui leur sont seulement confiées à titre de garantie. Une part seulement de 5 % est retenue pour la réserve statutaire ; le reste des bénéfices est attribué moitié aux actionnaires travaillant dans la mine, moitié à titre de secours à l'universalité des mineurs malheureux. A côté du conseil d'administration et de la commission de surveillance, nous trouvons un ingénieur et une commission d'arbitrage, organes inconnus à Rive-de-Gier.

Remarquons, avant de nous prononcer sur les avantages et les inconvénients de cette nouvelle forme de l'exploitation des mines, que son caractère très récent rend avant tout difficile un jugement définitif. On peut néanmoins se prononcer, en appréciant les résultats obtenus et en se servant des données fournies par les autres manifestations de l'idée coopérative.

En considérant les entreprises qui sous le nom de « mine aux mineurs » ont pour objet d'appliquer le principe de l'association entre ouvriers à une branche de l'industrie, comme des sociétés ordinaires appelées à conquérir leur place sur le marché industriel, on ne saurait contester leur légitimité. On ne peut, au contraire, qu'applaudir aux courageuses tentatives dont les deux exemples précédemment cités nous ont donné la preuve. Les compagnies concessionnaires avaient dû abandonner tout ou partie de leur concession et renvoyer, par suite, une portion de leur personnel : ce sont ces mêmes ouvriers qui, à la suite d'efforts inouïs, ont continué à vivre sur la mine et à l'exploiter désormais pour leur compte. Cette forme de l'association ouvre des perspectives brillantes, celles du partage des profits, et elle est par suite un stimulant plus puissant aux efforts individuels ; elle développe le sentiment de l'altruisme et l'aptitude à comprendre les œuvres d'utilité générale. Mais est-elle de nature à pouvoir soutenir la concurrence ? Ces sociétés d'ouvriers présentent-elles des garanties suffisantes pour l'exploitation d'une richesse d'utilité générale, ou même pour la continuité de leur existence ? En d'autres termes, quelle est leur valeur au point de vue économique ?

Il nous suffira, pour répondre à cette question, rela-

tivement au point spécial qui nous occupe, de dire
qu'en matière de mines, la difficulté de l'entreprise
multiplie les obstacles que rencontrent les associations
coopératives de production. Et tout d'abord, c'est le défaut de capital. Nous savons quel rôle important joue ce
facteur de la production dans l'exploitation des mines;
et l'on a maintes fois démontré que si l'on peut élimi-
ner le capitaliste, on ne saurait se passer du capital.
Sans doute, le crédit peut être acquis aux ouvriers col-
lectivement, et son action facilitée au moyen de l'épar-
gne et de la capitalisation; mais ce sont là des résultats sur lesquels on n'est pas en droit de compter d'une
façon générale. Pour attendre de la mine un profit raisonnable, il faut commencer par y enfouir des sommes
énormes et demeurer souvent de longues années sans
rien retirer des capitaux engagés. Même exploitées depuis longtemps, les mines ne cessent de dépenser; une
partie des bénéfices doit être prélevée pour être consacrée à l'amortissement et à des travaux de recherches
destinés à en prévenir l'épuisement. Comme le remar-
que fort justement à ce propos M. Leroy-Beaulieu, la
mine doit appartenir à des gens vraiment opulents qui
puissent se passer de revenus pendant plusieurs exer-
cices (1). A cela on répond que les sociétés d'ouvriers,
devant faire face à des frais généraux moins importants,
se contenteront de bénéfices plus faibles. C'est ici, à notre
avis, le point faible des expériences qui ont été tentées
pour faire prévaloir la conception nouvelle de la mine
aux mineurs. On a trop associé l'idée de l'organisation
coopérative à la petite exploitation. On a très bien

---

(1) *Economiste français*, 1886, t. II, p. 309.

compris que c'est seulement dans de très étroites limites que ce mode d'organisation peut présenter quelque chance de durée, et que proposer de l'appliquer à une grande exploitation est une tentative presque irréalisable. Or, en matière d'exploitations de mines, on n'est pas libre de créer où l'on veut et à volonté de petites exploitations. La nature du gisement rend presque toujours nécessaires des travaux d'une certaine étendue, et dans ces conditions, avec la théorie de la mine aux mineurs, on se trouverait en présence d'une extraction faite au jour le jour, mesurée aux facultés de la Société et qui comprendrait d'abord les gîtes les plus riches et abandonnerait ensuite les autres, tout cela au grand détriment de la société et de la consommation. C'est ensuite l'instruction technique et l'éducation économique qui font défaut à la classe ouvrière. Ou bien les associations d'ouvriers seront obligées d'appeler à leur tête un homme de l'art et de lui offrir en retour certains avantages, ou bien il leur faudra choisir un certain nombre de travailleurs et leur attribuer par le fait une influence prépondérante dans la direction.

On a du reste bien des raisons de penser que la concentration du pouvoir, l'unité d'action, les concessions incessantes et réciproques, les efforts communs vers un but unique, la patience dans l'attente des résultats, qui sont les qualités dominantes d'une industrie qui a pour objet d'arracher à la nature les trésors qu'elle cache si soigneusement, feront souvent défaut dans les sociétés ouvrières. Il est bien plutôt à craindre qu'elles ne comptent beaucoup trop sur le concours de l'État. La mine aux mineurs organisée par l'État, voilà en définitive où l'on voudrait en arriver; et à ce point de

vue, le système que nous exposons n'est qu'une variante
de la théorie qui attribue les mines à l'État. La substitution d'une rémunération éventuelle à une rémunération assurée impliquera au surplus un certain caractère
d'instabilité à l'association. Ajoutez, et ce n'est pas là
le moindre écueil auquel semble se heurter la théorie
de la mine aux mineurs, que les associations d'ouvriers
tendent peu à peu et comme par la force des choses à
reconstituer les formes qu'elles ont voulu abolir. Tout
d'abord, la société de production supposant une mu-
tuelle confiance entre les associés, on est obligé de
laisser à l'agrément des sociétaires primitifs, l'admission des membres nouveaux. En outre, du jour où ces
associations ont réussi, elles se ferment, engagent de
simples ouvriers salariés et finissent par devenir des
sociétés de patrons; de là des difficultés comme celles
qui ont surgi récemment à Monthieux.

En résumé, la théorie de la mine aux mineurs doit
être considérée comme une expérience, une tendance
encore très peu marquée vers un nouvel état social. On
peut la laisser se développer dans les limites de l'utilité
générale et de la libre concurrence. Mais cela ne
permet pas de conclure à sa généralisation. Les avantages qu'elle a obtenus dans ces dernières années sont
trop problématiques, les conditions dans lesquelles ils
se sont produits trop restreintes, pour permettre de
demander sa substitution au *statu quo.* Ce dernier a au
moins l'avantage de ne pas susciter de commotions
ruineuses, et de ne pas réduire le nombre et la prospérité des mines françaises à un moment où elles ont à
soutenir la concurrence de l'étranger.

DEUXIÈME PARTIE

Législation ouvrière.

La législation ouvrière des mines est presque inséparable de celle qui en règle la propriété et l'exploitation ; elles étaient souvent confondues dans les ordonnances de nos anciens rois ; et de nos jours, certaines propositions dues à l'initiative parlementaire voudraient faire rentrer dans la loi des mines toutes les dispositions se rattachant au sort des ouvriers. Nous ne saurions trop protester contre cette tendance, car si la loi qui fixe les conditions de la propriété minière doit rester stable pour répondre à son but, celles qui visent la sécurité ou le bien-être des travailleurs sont destinées à varier avec les progrès de la vie économique et sociale. Ce sont quelques questions, intéressant particulièrement la condition des ouvriers mineurs, que nous nous proposons d'étudier sous cette rubrique. A raison des rapports étroits qui existent entre le sort de la mine et celui des ouvriers qui l'exploitent, cette partie de notre travail formera le complément naturel du tableau que nous avons tracé de notre droit minier. Nous pourrons nous convaincre en même temps de l'importance aujourd'hui acquise par ces questions qui avaient déjà préoccupé le législateur de l'ancien régime.

CHAPITRE PREMIER

DES ACCIDENTS DU TRAVAIL DANS LES MINES

Cette matière est encore régie par la loi de 1810, par le décret du 3 janvier 1813 et par l'ordonnance du 26 mars 1843, auxquels il convient d'ajouter le décret du 25 septembre 1882 et la nouvelle instruction médicale jointe à la circulaire ministérielle du 31 janvier 1883.

Après avoir énuméré dans ses dispositions préliminaires les causes auxquelles doivent être attribués les accidents, le décret de 1813 se propose d'y remédier par des mesures préventives ou d'en atténuer les effets lorsqu'ils se sont produits.

Au premier point de vue, voici les mesures qui sont prescrites. Toutes les fois que la sûreté des exploitations ou celle des ouvriers se trouve compromise, les concessionnaires doivent avertir l'autorité locale : le préfet, après avoir reçu le procès-verbal dressé par l'ingénieur des mines, son avis et les observations du maire, statue aussitôt après avoir entendu la partie intéressée; mais son arrêté ne devient exécutoire que par l'approbation du ministre, statuant après avoir pris l'avis du directeur général des mines. Ce n'est qu'en cas d'urgence que le préfet peut se dispenser d'entendre le concessionnaire et que son arrêté devient immédiatement exécutoire. L'ordonnance de 1843 a encore simplifié l'action de l'administration. Si un danger quelconque se manifeste dans une mine, le concessionnaire est tenu de prévenir en même temps le maire et l'ingénieur des mines. L'ingénieur fait une enquête et rédige un rapport, conformément aux dispositions du décret de 1813 ; puis le préfet statue par arrêté immédiatement exécutoire, sans qu'il y ait à distinguer s'il y a ou non urgence. Si l'ingénieur des mines se trouve au cours de ses recherches en présence d'un péril imminent, notre décret l'autorise à faire aux autorités locales, sous sa responsabilité personnelle, les réquisitions nécessaires. L'art. 6 prescrit la confection de plans et la tenue de registres spéciaux à chaque mine. L'art. 7 raisonne au cas où le danger est tel qu'il y a lieu d'abandonner l'exploitation en tout ou en partie. Le préfet statuera sur le rapport et l'avis des ingénieurs des mines, le concessionnaire appelé et consentant. Si l'exploitant ne reconnaît pas la réalité du danger signalé, il y a lieu à information par voie d'expertise ; le ministre statue sur le rapport des experts, l'avis du préfet et celui du directeur des mines et sauf recours au Conseil d'Etat. La sanction des mesures que nous venons de passer en revue consiste dans l'application des art. 93 et suivants de la loi du 21 avril 1810, c'est-à-dire dans l'application de peines correctionnelles et dans l'exécution des travaux aux frais des concessionnaires.

Lorsque des accidents viennent à se produire, les exploitants doivent obéir aux prescriptions des art. 3, 11 et suivants du décret du 3 janvier 1813 : les ingénieurs et les maires prévenus dressent concurremment procès-verbal, informent l'autorité supérieure et prennent toutes les mesures nécessaires pour la réparation de l'accident (1). Si le fait est particulièrement grave,

---

(1) L'ingénieur et le maire doivent être prévenus sans attendre l'avis

le ministre des travaux publics doit être tenu au courant par télégramme suivi d'un rapport détaillé.

Les art. 15 et 16 concernent les médicaments et objets de secours que les exploitants sont tenus d'avoir en réserve, sans préjudice de l'obligation qui leur incombe d'entretenir, soit par eux-mêmes, soit à frais communs avec les concessionnaires voisins, un chirurgien spécial sur les lieux. Une instruction médicale, renouvelée en 1883, est relative au caractère des accidents qui peuvent atteindre les ouvriers mineurs et à la nature des secours qui doivent leur être administrés; les frais qu'exigeront ces secours seront d'ailleurs à la charge des exploitants. Un résumé pratique des soins à donner aux blessés doit être affiché dans l'intérieur de la mine et distribué aux ouvriers. Les art. 18, 19 et 21 réglementent la constatation des décès survenus par accident et la transmission des procès-verbaux aux parquets et aux autorités administratives. La sanction des mesures rentrant dans cette seconde catégorie est l'application possible des art. 319 et 320 du Code pénal et l'allocation de dommages-intérêts s'il y a lieu. Il faut ajouter, pour avoir une idée complète du décret, qu'indépendamment des visites annuelles, des tournées fréquentes sont imposées aux ingénieurs des mines; et qu'en ce qui concerne les ouvriers, des registres d'inscription et de contrôle doivent être tenus : depuis la promulgation de la loi du 2 juillet 1890, le livret n'est plus obligatoire pour les ouvriers mineurs. Le contrat

---

du médecin de la mine. Trib. corr. de Saint-Etienne, 20 avril 1893, *Rev. de dr. ind.*, 1893, p. 386.

de louage est désormais soumis aux règles du droit commun et peut être constaté dans les formes qu'il convient aux parties contractantes d'adopter.

Nous venons de dire que des dommages-intérêts peuvent, s'il y a lieu, être alloués aux ouvriers victimes d'accidents survenus dans les mines. Il convient, pour avoir une idée d'ensemble sur cette matière, d'exposer sommairement la pratique de la jurisprudence sur ce point. Elle se résume pour ce cas particulier, comme pour tous les autres accidents industriels, dans les traits suivants. Par application des art. 1382 et s. C. civ., les patrons sont responsables des accidents arrivés à leurs ouvriers dans leurs travaux quand il y a eu faute de leur part (1). Dès lors, en cas d'accident survenu à un ouvrier, c'est à ce dernier, qui demande une réparation, à établir que le préjudice a eu pour cause la faute, la négligence ou l'imprudence du patron. Les patrons doivent prendre sur leurs chantiers toutes les précautions possibles, afin de préserver de tout accident les ouvriers qu'ils emploient. Il y a faute par cela seul que l'accident eût pu être évité, quelque inusitées que paraissent les précautions à prendre pour atteindre ce but. Ces idées ont été bien souvent appliquées au cas qui nous occupe. C'est ainsi qu'il a été décidé que l'explosion causée par un phénomène en-

---

(1) D'après un autre système, la responsabilité est non pas délictuelle, mais contractuelle. Le patron, obligé par son contrat « à restituer l'ouvrier, à le rendre à lui-même valide comme il l'a reçu », doit, pour être libéré en cas d'accident, prouver qu'il a rempli les conditions de la convention, ou que l'accident est dû à un cas fortuit ou à la faute de l'ouvrier.

core mal expliqué et dont aucune précaution indiquée par la science ne pouvait empêcher la production, devait être considérée comme un cas fortuit, n'engendrant par lui-même aucune responsabilité (1). La Cour de cassation a encore jugé qu'un ouvrier mineur blessé par la manœuvre d'une cage n'avait droit à aucune indemnité, l'accident devant être attribué à l'imprudence de l'ouvrier (2). Les directeurs d'une ardoisière ont été, au contraire, déclarés responsables des accidents produits par l'éboulement d'une galerie, parce qu'ils connaissaient le danger et qu'ils n'avaient ni pris les précautions nécessaires ni interrompu les travaux pour prévenir le maire et le préfet (3). Enfin, par arrêt du 5 avril 1894, la Cour de cassation a décidé que l'ouvrier mineur, blessé par l'éboulement d'un bloc de charbon, ne peut faire peser la responsabilité de cet accident sur la Compagnie en alléguant seulement que l'éboulement a été provoqué par une fouille en sous-cave tolérée par la Compagnie, alors qu'il s'agit d'un procédé normal ne présentant qu'un danger relatif (4).

Disons, en terminant, qu'une loi actuellement en préparation, déjà votée par la chambre et à laquelle il a été souvent fait allusion dans les discussions parlementaires sur la législation des mines, substitue au principe de la responsabilité, tel qu'il est consacré par la jurisprudence, la théorie nouvelle du risque professionnel

____

(1) Cass.. 26 novembre 1877, D., 78, 1, 118.
(2) Cass., 9 mars 1880, D., 80, 1, 296.
(3) Cass., 25 avril 1890, D., 91, 1, 140.
(4) D., 94, 1, 479.

d'après laquelle la réparation de tous les accidents dont les ouvriers sont victimes doit rentrer dans les frais généraux des entreprises et être par conséquent supportée par les chefs d'industrie, mutuellement assurés pour faire face à ces dépenses obligatoires (1).

CHAPITRE II

DE L'INSTITUTION DES DÉLÉGUÉS A LA SÉCURITÉ DES OUVRIERS MINEURS

La réglementation que nous venons d'examiner n'a pas paru suffisante aux ouvriers mineurs; critiquant surtout la jurisprudence des tribunaux sur la responsabilité des compagnies en cas d'accidents, ils ont voulu que l'application des mesures destinées à en prévenir les effets fût plus stricte et plus énergique, le mode de constatation plus sûr; ils ont réclamé en un mot un certain droit de contrôle sur l'exploitation de la mine. Déjà, en Angleterre, une loi du 10 août 1872 avait autorisé les ouvriers à déléguer deux d'entre eux pour faire à leurs frais, une fois par mois, la visite de la mine, chacune de ces visites devant être constatée par un rapport inscrit sur un registre spécial et signé par les délégués qui l'auraient faite. Ce registre devait servir à en contrôler trois autres, institués par la même loi et tenus par les employés de la mine (2). Un certain

____

(1) V. sur l'état des travaux parlementaires : *Bulletin de l'office du travail*, 1894, p. 46 et 660. — Proposition Naquet sur les accidents des ouvriers mineurs déposée en 1893 (*J. O.*, Doc. parl., n. 61).

(2) Swiney, *The law of mines*, p. 97.

nombre de députés pensèrent qu'il y avait lieu d'emprunter à l'Angleterre l'institution des délégués mineurs, et leur proposition fut votée en première lecture par la chambre, le 16 octobre 1884. Après une enquête qui révéla l'hostilité professée par les compagnies à l'égard de l'innovation projetée (1), divers incidents et modifications, le projet fut remis en question et ne revint en discussion qu'en 1890. La loi qui en est résultée est du 8 juillet de cette même année; elle a été complétée par une autre loi du 1er août 1890, et par deux circulaires des 9 et 19 juillet suivants.

Nous avons déjà indiqué l'idée inspiratrice de la loi, qui est que les ouvriers sont les plus intéressés à rechercher et à faire disparaître toute cause de danger. Pour atteindre ce but, pour permettre aux ouvriers de contrôler l'exécution des mesures prises pour sauvegarder leur sécurité, la France a emprunté à l'Angleterre l'institution de délégués spéciaux; mais en prenant place dans notre législation, cette pratique a revêtu un caractère propre qui la différencie à plusieurs points de vue de la façon dont l'ont conçue les Anglais eux-mêmes. Avant d'établir la comparaison, commençons par résumer les dispositions principales de la loi de 1890.

Cette loi commence par rendre obligatoire l'institution des délégués pour toute exploitation souterraine de mines, minières ou carrières; elle permet seulement au préfet d'en dispenser les travaux soumis à une même exploitation et qui, à raison du petit nombre d'ouvriers

---

(1) Cf. trois mémoires de M. Dupont (Paris, imprimerie Chaix, 1883).

qui y sont employés (moins de 25), ne présentent pas de réelles causes de danger. Les délégués nommés en vertu des dispositions de la loi exercent leur mission dans un rayon déterminé qui forme une circonscription. Celle-ci consiste dans un ensemble de puits ou galeries dont la visite n'exige pas plus de six jours; le périmètre des circonscriptions et leur fixation sont déterminés par le préfet, après avoir entendu les exploitants et les ingénieurs des mines; un plan annexé à l'arrêté fait connaître les limites des communes sous le territoire desquelles s'étend la circonscription.

Après avoir cherché à délimiter les fonctions des délégués, la loi s'est préoccupée de savoir comment ils seraient élus : elle a décidé pour cela qui serait électeur, qui serait éligible.

Il existe, en notre matière, une liste électorale préparée par l'exploitant pour chaque circonscription, dans les huit jours qui suivent l'arrêté de convocation du préfet : elle comprend, classés par ordre alphabétique et complétés par l'indication des lieux, dates de naissance et profession spéciale dans la mine, les noms des ouvriers qui travaillent au fond (1), et qui sont Français, jouissant de leurs droits politiques et inscrits sur la feuille de la dernière paye. Cette liste affichée à la mairie de chacune des communes sous lesquelles s'étend l'exploitation, peut faire l'objet de réclamations; le juge de paix statue sur les différends en dernier ressort; s'il y a lieu à rectification, ce soin

---

(1) Ce qui exclut les employés préposés à la surveillance des ouvriers. Conseil d'Etat, 20 juin 1891.

incombe au bureau électoral. Ce bureau, composé du maire assisté du plus âgé et du plus jeune des électeurs présents au moment de l'ouverture du scrutin, ne siège que dans une commune si l'exploitation s'étend sous le territoire de plusieurs; le vote ne peut avoir lieu qu'un dimanche et sous sa surveillance; chaque bulletin doit contenir deux noms avec l'indication de délégué ou de délégué suppléant pour chaque candidat.

Sont éligibles, aux termes de l'art. 6 de la loi, à la condition de savoir lire et écrire et de n'avoir jamais été condamnés, en vertu des dispositions de la loi du 8 juillet 1890, ou de celle du 21 avril 1810 et du décret du 3 janvier 1813, ou des art. 414 et 416 du code pénal : 1° les ouvriers employés au fond depuis cinq ans au moins (1); 2° les anciens ouvriers domiciliés dans les communes de la circonscription, ayant travaillé au fond pendant une durée minima de cinq ans et n'ayant pas cessé d'y être occupés depuis plus de dix ans, Français et jouissant de leurs droits politiques.

Le cumul de mandats est interdit par la loi ; leur durée normale est de trois ans ; les délégués sortants sont rééligibles. Les règles sur le dépouillement du scrutin, sur la majorité requise pour être élu au premier tour, sur le bénéfice de l'âge, sont celles communes à toutes les élections. L'art. 10 édicte certaines peines contre ceux qui auront influencé le vote. Les opérations électorales peuvent être attaquées par les exploitants ou les ouvriers, ou d'office par le préfet : le Conseil de

____

(1) La continuité du travail n'est pas exigée. Conseil d'Etat, 14 mai 1891.

préfecture connaît des conflits et peut baser sa décision sur les vices de forme ou sur la violation de la
liberté individuelle des électeurs.

D'après l'art. 1er, les fonctions des délégués consistent à s'assurer par eux-mêmes des conditions de sécurité dans lesquelles se trouvent les ouvriers; ils doivent pour cela visiter deux fois par mois chaque puits,
galerie ou chantier; la loi appelle spécialement leur
attention sur les appareils servant à la circulation et au
transport des ouvriers. Si un accident grave vient à se
produire, ou si les ouvriers en sont seulement menacés,
le concessionnaire doit avertir le délégué qui se transporte sur les lieux. Qu'il procède à une visite ou à une
constatation, le délégué doit inscrire le résultat de ses
observations sur un registre spécial, qui peut contenir
également les réponses de l'exploitant et qui est visé
par les ingénieurs des mines dans leurs diverses tournées. Les délégués ont une mission à remplir : constater quelles mesures sont prises pour rendre l'exploitation salubre et sans danger, formuler leurs observations
et leur avis. En dehors de ce mandat, ils n'ont aucun
pouvoir. C'est ainsi qu'ils ne peuvent pas ordonner
l'exécution des travaux qu'ils jugeraient utiles ou la
suppression des ouvrages nuisibles ; et qu'ils doivent se
conformer aux règles d'ordre et de police qui régissent
la mine. En retour, personne ne peut apporter d'entraves à leurs visites ni empêcher leurs constatations. Le
préfet, de même que les ingénieurs, reçoit une expédi-
tion des rapports des délégués; il les surveille dans
l'accomplissement de leur mission et peut, dans les cas
graves et sauf recours au ministre compétent, pronon-

cer contre eux une suspension de trois mois au plus. L'art. 16 leur alloue des indemnités qui leur sont payées par le Trésor, à titre de journées de travail. Ajoutons, pour être complet, que la sanction des dispositions de la loi du 8 juillet 1890 consiste dans des poursuites exercées conformément à la loi du 21 avril 1810 (1).

Si l'on compare la réglementation que nous venons d'examiner aux dispositions de la loi anglaise qui lui ont servi de point de départ et d'origine, on se prend peut-être à regretter que notre législateur n'ait point conservé à son œuvre le même caractère. La loi anglaise permet aux ouvriers de désigner « de temps en temps », si bon leur semble, des délégués. Rien de plus juste et de plus utile qu'une semblable mesure. Les ouvriers mineurs viennent-ils à concevoir quelques doutes sur la solidité de certains ouvrages, sur la cause qui a provoqué un accident? Sont-ils en désaccord avec l'administration de la mine sur une décision à prendre pour protéger davantage leur existence, ou rendre leurs travaux moins pénibles? Ils nommeront, pour examiner ce point spécial, quelques-uns d'entre eux, choisis par eux-mêmes, dont la mission prendra fin dès que le but en vue duquel ils les avaient délégués aura été atteint. S'ils agissent ainsi, c'est qu'ils l'auront jugé nécessaire. La loi est là pour affirmer l'existence de la faculté qui leur appartient. Il y a loin de cette conception à celle du système français. Celle-ci

_____

(1) V. Riston, *De l'institution des délégués à la sécurité des ouvriers mineurs.*

n'est à vrai dire que la manifestation de cette tendance qu'a l'Etat à tout réglementer et à tout prévoir. La loi française oblige les mineurs à nommer des délégués dans leurs circonscriptions respectives, alors même qu'ils le jugeraient inutile; elle astreint ensuite ces mêmes délégués aux visites, même s'ils les trouvent superflues. Elle réglemente étroitement le choix des mandataires, fait intervenir l'autorité judiciaire dans les différends qui peuvent surgir. En soumettant les délégués à l'autorité du préfet, en les faisant indemniser par le Trésor, elle crée presque de véritables fonctionnaires. Dès lors, un double danger est à redouter : ou bien le délégué, se sentant par quelque côté dépendre du gouvernement, n'aura plus une fois élu l'indépendance nécessaire pour remplir sa mission; ou bien, le plus souvent, ces élections mêmes risquent de revêtir un caractère purement politique; les meneurs les plus avancés seront investis de cette fonction, ils négligeront les périls réels pour ne signaler que les dangers imaginaires. Ce résultat aura en partie sa cause dans leur défaut d'instruction technique. On ne saurait trop critiquer, à ce point de vue, le dualisme fâcheux établi par la loi entre le corps des mines et ces délégués permanents. La loi nouvelle a, au surplus, tellement dépassé la portée de la loi anglaise, qu'elle décide que les sommes déboursées par l'Etat pour indemniser les délégués seront recouvrées sur les exploitants, comme en matière de contributions directes. Le législateur anglais laisse au contraire le déléguant rémunérer le délégué, faisant ainsi une sage application de cette règle, la même pour tous, qui veut que le paiement incombe à celui qui a commandé le travail.

Nous estimons que la réforme telle qu'elle avait été conçue en Angleterre donnait pleine satisfaction aux réclamations des travailleurs.

CHAPITRE III

DU TRAVAIL DES FEMMES ET DES ENFANTS DANS LES MINES

Les travaux souterrains sont considérés par le législateur, et à bon droit, comme présentant des dangers particuliers au point de vue de la sécurité, de l'hygiène et de la moralité de ceux qui y sont occupés ; aussi a-t-il cru nécessaire d'y affecter une réglementation particulière en ce qui concerne les femmes et les enfants.

La loi du 3 juin 1874 interdisait déja l'admission des filles mineures et des femmes dans les travaux souterrains des mines et carrières. C'est même la seule disposition qui concerne les femmes, l'ensemble ne s'appliquant en effet en principe qu'aux enfants et aux filles mineures.

Cette loi a elle-même été abrogée par la loi du 2 novembre 1892 ; mais cette dernière a reproduit cette interdiction absolue et générale qui ne comporte aucune exception.

Pour les enfants du sexe masculin, la loi de 1874 interdisait de les employer dans les travaux souterrains jusqu'à 12 ans. Entre 12 et 16 ans, la loi laissait à un règlement d'administration publique, qui intervint le

12 mai 1875, le soin de fixer les conditions dans lesquelles les enfants pourraient y travailler.

L'art. 9 de la nouvelle loi a augmenté ces restrictions. Jusqu'à 13 ans, tout travail souterrain est interdit. De 13 à 18 ans, le travail souterrain est soumis à des conditions spéciales qui doivent être déterminées par un règlement d'administration publique. Ce règlement est intervenu à la date du 6 mai 1893. Au-dessous de 16 ans, la durée du travail ne peut excéder huit heures par poste et par 24 heures ; de cet âge jusqu'à 18 ans, elle ne peut excéder 10 heures par jour ni 54 heures par semaine. Les jeunes ouvriers doivent être spécialement employés à des tâches particulièrement déterminées par le décret ; après 16 ans seulement, il est permis de les employer aux travaux proprement dits de la mine et pour une durée maxima de 5 heures par jour.

Le troisième et dernier paragraphe de l'art. 9 dispose en principe que, dans les mines qui ont été dans la suite spécialement désignées par l'art. 3 du décret du 6 mai 1893 précité, les enfants de 13 à 18 ans pourront être autorisés à travailler à partir de 4 heures du matin jusqu'à minuit, sous la condition expresse qu'ils ne soient pas assujettis à plus de 8 heures de travail effectif, ni à plus de 10 heures de présence dans la mine par 24 heures.

Il convient de remarquer que les dispositions nouvelles s'appliquent, alors même qu'il s'agit d'enfants placés en apprentissage, et que les contraventions sont constatées, non par les inspecteurs du travail, mais par les ingénieurs et contrôleurs des mines.

La sanction consiste dans une amende prononcée par

le tribunal de simple police ou par le tribunal correctionnel en cas de récidive. Elle peut atteindre non seulement les contrevenants, mais ceux qui s'opposeraient à la constatation du fait délictueux.

CHAPITRE IV

INSTITUTIONS DE SECOURS ET DE PRÉVOYANCE

Au nombre des questions concernant les classes laborieuses qui sont le plus fréquemment agitées dans les parlements, dans la presse spéciale et dans les réunions publiques, il n'en est pas de plus controversée que celle de l'assurance des ouvriers contre les maux très divers qui rendent leur existence si précaire. C'est cette question que nous nous proposons de résumer, en restreignant notre étude à la catégorie spéciale des ouvriers mineurs.

Une loi, qui porte la date du 29 juin 1894, est venue récemment poser de nouveaux principes en la matière; mais elle n'enlève pas l'intérêt qu'il y a à rechercher quelle a été l'organisation des institutions de secours et de prévoyance qui se sont développées dans les grands centres miniers.

Les institutions de prévoyance, en ce qui concerne les mines, ont une origine beaucoup plus ancienne que dans toute autre branche de l'industrie. Déjà nous avons vu qu'aux termes de l'édit de 1604, un trentième des revenus de la mine devait être affecté au soulagement des blessés et de leurs familles. Bien que cet édit d'Henri IV ait été abrogé en 1739, sous Louis XV, l'heureuse innovation qu'il avait consacrée s'est largement développée, surtout à l'époque contemporaine. M. Keller, ingénieur en chef des mines, chargé il y a quelques années de centraliser les résultats d'une enquête sur ce sujet, a condensé dans son rapport du 25 janvier 1884, les observations faites par ses collègues (1). Il a divisé les caisses de secours en trois catégories : 1° celles qui sont alimentées par des retenues sur les salaires et par des subventions proportionnelles des exploitants ; 2° celles qui sont alimentées par des retenues sur les salaires des mineurs, sans que les subventions des exploitants soient réglées ; 3° celles qui sont alimentées par les exploitants, sans aucun prélèvement sur les salaires. Le cadre de ce travail ne nous permet pas d'étudier l'organisation particulière des caisses rentrant dans chacun de ces trois groupes. Qu'il nous suffise de dire, pour avoir une idée d'ensemble de leurs opérations, que sur 111,317 ouvriers employés dans les mines en 1883, on en comptait 109,237 qui participaient à des caisses de ce genre ; et que sur 5,423,353 francs de recettes, plus de la moitié de ce chiffre était absorbé par les frais de maladies et les accidents, le reste étant consacré aux retraites.

On a adressé à ces institutions, fruit de l'initiative individuelle, plusieurs critiques dont nous ne citons que les plus fondées (1). On a insisté tout d'abord sur l'état de sujétion et de dépendance de ces caisses par

---

(1) Rapport Audiffred, *J. O.*, Doc. parl., 1887, *Annexe*, n. 1665.

(2) Cf. Bréchignac, *Étude critique sur les caisses de secours des ouvriers mineurs*, 1869, p. 80 et s.

rapport à l'exploitation. Il conviendrait en effet qu'elles fussent administrées par les délégués des ouvriers en nombre égal aux représentants des exploitants, non pas que l'on doive concevoir quelque défiance à l'égard de ces derniers, mais au contraire afin de dégager leur responsabilité et aussi pour que l'existence de la caisse et la sécurité de ses fonds ne fussent pas liées à l'entreprise et associées aux mêmes risques. En ce qui concerne spécialement les retraites, on a justement remarqué que beaucoup d'exploitations qui ont des caisses de secours sont dépourvues de caisses de retraites; lorsqu'elles existent, elles ne peuvent verser que des pensions souvent insuffisantes; si même elles venaient à être obligées de liquider, elles n'auraient pas un actif leur permettant de répondre de leurs engagements. Il arrive trop souvent qu'au lieu de constituer un capital correspondant aux charges dont elles sont grevées, les caisses de retraites des exploitations minières vivent au jour le jour; les cotisations annuelles, au lieu d'être capitalisées comme elles devraient l'être, suivant les rigoureux principes de la science des assurances, sont au contraire employées à servir des pensions aux anciens ouvriers déjà en âge d'être mis à la retraite. On juge de plus, avec quelque raison, que les conditions exigées pour avoir droit à une pension de retraite sont trop rigoureuses. Celle-ci n'est, en effet, le plus souvent assurée que dans des cas déterminés : l'ouvrier doit avoir travaillé pendant trente ans dans la mine où il est occupé, et avoir atteint l'âge de cinquante-cinq ans ou quelquefois de soixante ans. La réalisation du droit est ainsi trop souvent rendue impossible. Tous ceux qui ont quitté la mine avant d'avoir atteint l'âge de la retraite perdent par cela même leur droit à la pension, tout comme des fonctionnaires, et on ne leur rend pas leurs versements. Souvent d'ailleurs, les allocations des patrons sont non seulement irrégulières, mais aussi arbitraires et insuffisantes. La création d'institutions de prévoyance ne peut marcher de pair qu'avec une exploitation assez importante. Notons enfin, en terminant, que la proportion des ouvriers qui veulent participer aux caisses de secours est beaucoup plus considérable que celle des ouvriers assurés contre la vieillesse.

La loi nouvelle que nous avons précédemment citée a eu pour but de remédier aux inconvénients ci-dessus (1); elle a son origine dans cette idée que l'État doit intervenir pour pousser les ouvriers à se ménager des ressources pour le temps où ils ne pourront pas travailler, « et ainsi venir en aide aux hommes des classes inférieures, qui sont, pour la plupart, dans une situation d'infortune et de misère imméritées » (2). Cette loi a une assez longue histoire. Sur l'initiative prise par des groupes importants de la corporation des mineurs, quatre propositions de loi sur l'organisation

---

(1) « Régulariser la situation des institutions de retraite et de secours que les compagnies minières ont créées, dit M. l'avocat-général Sarrut, empêcher la disparition des fonds de réserve nécessaires au service des arrérages, organiser pour l'avenir des caisses de tout repos, conférer à l'ouvrier un droit à l'abri de toute cause de déchéance : tel est l'objet principal de cette loi récente ». (*La législation ouvrière de la troisième République*).

(2) Encyclique, *De conditione opificum*.

des caisses de retraites et de secours des ouvriers
mineurs furent déposées de 1877 à 1885 sur le bureau
de la chambre; nous avons déjà fait allusion à quelques-unes, comme mettant en question le principe
même de la propriété des mines. La première émanait
de MM. Reyneau et Gilliot; la deuxième de MM. Wal-
deck-Rousseau, Maugon et un grand nombre de leurs
collègues (1); la troisième de MM. Brousse et de Lanes-
san (2); la quatrième de MM. Chavanne et Girodet (3).
Ces diverses propositions furent renvoyées à une commission de 22 membres, qui, après une enquête
complète et un assez long examen, présenta, d'accord
avec le ministre des travaux publics, une proposition
de loi qui fut l'objet d'un rapport de M. Mazeron, mais
qui ne put venir en discussion avant l'expiration des
pouvoirs de la Chambre élue en 1881. Dans la législa-
ture suivante, MM. Audiffred, Levet, Imbert et Brousse
reprirent l'œuvre de la commission dont nous venons
de parler. La nouvelle commission nommée procéda à
une enquête où déposèrent successivement les représentants des grandes exploitations houillères, les délégués des syndicats ouvriers et un certain nombre
d'ouvriers non syndiqués (4). Le 21 mars 1887, M. Audiffred déposait son rapport au nom de la commission
et concluait à la réorganisation et à la généralisation
des caisses de secours et de retraites qui existaient

---

(1) *Journ. off.*, Doc. parl., 1882, p. 2598.

(2) *Journ. off.*, Doc. parl., 1882, p. 2603.

(3) *Journ. off.*, Doc. parl., 1883, p. 461.

(4) *Journ. off.*, Doc. parl., 1886, *Annexe*, n. 777.

alors dans l'industrie des mines (1). L'idée fondamentale de la proposition était, ainsi que le fit remarquer
dans la suite un des orateurs qui la discutèrent (2),
l'établissement de caisses de prévoyance obligatoires,
alimentées par une retenue sur le salaire et par une
allocation de la compagnie, toutes deux également
rendues obligatoires. Le projet vint devant la Chambre
pendant la session ordinaire de 1888. Il fut voté en
seconde délibération et après des modifications diverses, le 5 juillet 1889. Transmis au Sénat qui l'a profondément remanié et voté le 12 juillet 1893, il a été
converti en loi le 29 juin 1894.

La loi nouvelle nous indique par son titre le double
objet qu'elle a eu en vue : réorganisation des caisses
de retraites et des caisses de secours des ouvriers
mineurs. Elle ne s'est pas occupée des accidents
« pour ne pas séparer les mines des autres industries,
dans la loi spéciale encore en préparation sur ce sujet ».
Pour les caisses de retraites, elle décide que désormais il sera fait chaque mois un versement égal à
4 % du salaire des ouvriers, dont moitié à prélever
sur le salaire lui-même et moitié à fournir par l'exploitant. Pour les caisses de secours, un versement déterminé par le conseil d'administration de ces sociétés et
égal au maximum à 2 % des salaires, est imposé aux
ouvriers; il est complété par un versement de l'exploitant, égal à la moitié de celui des ouvriers ou employés.
Il importe de remarquer que ces retenues ne s'exer-

<hr>

(1) *Journ. off.*, Doc. parl., 1887, *Annexe*, n. 1665.
(2) M. Freppel, Déb. parl., chambre, 1888, p. 1115.

cent pour les mineurs ayant plus de 2,400 fr. d'appointements que jusqu'à concurrence de ce chiffre, et que les deux parties intéressées sont toujours autorisées à augmenter le chiffre de leur contribution respective.

Les sommes exigées par la loi pour la préparation des retraites doivent être déposées par le soin des exploitants à la caisse nationale des retraites. Il est toutefois permis aux compagnies de créer des caisses régionales pour recevoir les dépôts de fonds. Ces caisses devront être autorisées par décret spécial, organisées suivant les prescriptions administratives, contrôlées par les agents de l'Etat, et les fonds seront employés uniquement en rentes sur l'Etat, en valeurs du Trésor ou garanties par le Trésor, ou encore en obligations départementales ou communales. Un livret individuel mentionnant les versements prescrits, sera tenu au nom de chaque ouvrier; celui-ci pourra prendre sa retraite à l'âge de cinquante-cinq ans, mais pourra ne toucher que plus tard afin d'accroître ainsi le chiffre de sa pension. Le placement sera fait en principe à capital aliéné; mais les ayants-cause pourront exiger que le placement ait lieu à capital réservé; ils recevront alors naturellement une pension moins forte.

Lorsque la loi traite des sociétés de secours, elle cite parmi les ressources qui pourront accroître leur capital, « les sommes allouées par l'Etat sur les fonds de subvention aux sociétés de secours mutuels, les amendes encourues pour infraction aux statuts, les dons et les legs ». La loi règle elle-même les dispositions qui doivent et peuvent trouver place dans les statuts. Les fonds des caisses de secours ayant par leur destination même un emploi presque journalier, ne sont point, à l'exception de certains reliquats, versés dans une caisse publique; la loi en a confié la disposition à des conseils d'administration dont les membres, au nombre de neuf, sont nommés un tiers par les exploitants et deux tiers par les ouvriers. La loi prévoit successivement les conditions d'électorat et d'éligibilité, le mode des opérations électorales, les contestations qui pourraient s'élever, le cas de violation des statuts par les administrateurs. Elle est complétée par un certain nombre de dispositions transitoires et réglementaires. Elle a été suivie d'une circulaire du ministre des travaux publics, portant la date du 30 juin 1894, et de deux décrets des 26 juillet et 15 août de la même année.

En présence de la gravité des conséquences qui peuvent résulter du principe de l'assurance obligatoire, introduit dans nos lois par la réforme nouvelle, on peut se demander s'il n'y avait pas lieu de conserver, en tentant d'y apporter des améliorations, le régime antérieur. Les critiques qui peuvent être formulées à l'adresse du système nouveau nous paraissent devoir l'emporter en importance et en nombre sur celles faites à l'ancien. Celui-ci était né de l'accord des patrons et des ouvriers, les premiers cherchant à rapprocher les seconds en leur ménageant des ressources pour leur vieillesse et les cas imprévus. Il est à craindre que les nouvelles institutions de prévoyance imposées par la loi ne contribuent plutôt à les séparer, parce que le patron ne sera plus aux regards de ceux qu'il occupe un bienfaiteur, mais un simple débiteur contraint par une mesure légale. Il ne faut pas oublier que la crainte de nouvelles charges imposées aux exploitants et aux ouvriers peut conduire à l'abandon de certaines entreprises ou à une réduction des salaires. On a, du reste, démontré, au cours de la discussion, que la situation faite aux mineurs par la loi du 29 juin 1894 était sur plusieurs points bien inférieure à celle qui résultait pour eux des anciennes institutions.

CHAPITRE V

LIMITATION DES HEURES DE TRAVAIL DANS LES MINES

Chacun sait que la question de la réduction de la journée de travail est commune à toutes les industries; mais elle a, en particulier, si souvent fait l'objet des réclamations des ouvriers mineurs, tant dans les propositions déposées au Parlement que dans les Congrès, qu'elle mérite tout au moins une mention.

La durée légale de la journée de travail dans les usines et manufactures est fixée à 12 heures par le décret du 9 septembre 1848; la loi du 16 février 1883 a eu pour but de sanctionner l'application de cette mesure en confiant aux inspecteurs du travail le soin d'en surveiller l'exécution. Ce que réclament les ouvriers mineurs, c'est que la durée du travail soit indistinctement réduite à 8 heures, c'est la mise en pratique de la célèbre formule des « trois-huit » dont il a été si souvent question au cours de ces dernières années.

Pour que ces revendications aient quelque chance

d'aboutir, il faudrait commencer par établir quelle est actuellement en France la durée normale de la journée de travail d'un ouvrier mineur. Or, à ce point de vue, des hommes compétents ont souvent démontré que cette durée varie suivant les conditions dans lesquelles le travail s'exécute. En fait, dit M. H. Couriot, on peut dire que dans la plus grande partie des mines françaises le travail à la journée a une durée de 9 heures, y compris le temps de la descente et de la remonte, ce qui en réduit la durée à 8 heures environ (1). Mais, en serait-il autrement, il nous semble que les pouvoirs publics n'auraient pas le droit d'intervenir. Il s'agit là d'un contrat dont les conditions doivent être librement débattues entre les exploitants et les ouvriers. Si l'Etat garde le droit de régler le travail des enfants et des femmes qui ne sont pas capables de se défendre contre des exigences le plus souvent tyranniques, il doit laisser les ouvriers adultes discuter librement le prix de leurs services, et n'intervenir que pour protéger la liberté du travail et des conventions. Cette combinaison entraînerait au surplus la suppression du travail à la tâche; il serait défendu aux ouvriers qui puiseraient dans le désir bien légitime d'accroître leurs ressources l'intention d'entreprendre une tâche supplémentaire, de se livrer au travail qu'ils auraient librement accepté. Les perturbations économiques qu'entraînerait cette réforme ne sauraient d'ailleurs la faire accepter, alors qu'il existe déjà un si grand nombre d'exploitations abandonnées et que notre industrie minière a chaque

---

(1) Cf. *L'industrie des mines devant le Parlement.*

jour à lutter contre la redoutable concurrence de l'é-
tranger.

CHAPITRE VI

DE LA PARTICIPATION AUX BÉNÉFICES DANS L'EXPLOITATION DES MINES

M. Ch. Robert dit quelque part, en parlant de la participation aux bénéfices, que « c'est une formule savante
du nouveau codex social. Ses bons effets dépendent de
la constitution du malade et de la capacité personnelle
du médecin » (1). Appliquée aux mines, la participation
aux bénéfices présente-t-elle quelque utilité? Si oui,
comment faut-il la mettre en pratique? Telles sont les
deux questions auxquelles nous nous proposons de
répondre au cours de ce chapitre.

Une fois la mine concédée, celui à qui elle a été attribuée a la propriété des substances qui la composent
dans les limites de son périmètre, et en cela il ressem-
ble, nous l'avons vu, au propriétaire foncier. Mais à un
autre point de vue, sa situation est bien différente. Le
propriétaire d'une ferme ou d'un champ peut, à la
rigueur, cultiver seul tout ou partie de sa propriété; le
concessionnaire d'une mine ne peut procéder à l'extraction sans le secours d'autrui. Il n'est pas en contact
aussi constant, aussi intime, avec sa chose; pour la
mettre en valeur, pour profiter de son utilité, il doit
triompher d'obstacles multiples et sans cesse renouve-
lés. Dans cette lutte de chaque jour, il lui faut recourir

---

(1) Préface de l'ouvrage du Dʳ Böhmert, *La participation aux bénéfices.*

à la collaboration de travailleurs manuels qui feront
sortir des entrailles du sol les richesses souterraines
dont on a constaté l'existence, qui les transformeront
en marchandises, au prix des risques les plus nombreux
et du labeur le plus pénible. La logique et la justice
demandent que ces ouvriers aient une part dans la répartition des profits. La participation aux bénéfices
n'est pas seulement ici une mesure équitable et rationnelle; on doit reconnaître qu'elle peut être pour l'industrie minérale la source de très réels avantages. Si nous
ne pouvons souscrire à l'opinion de M. Leroy-Beaulieu
qui affirme que, dans l'exploitation d'une mine, le capital ne joue qu'un rôle subordonné, nous ne pouvons
que reconnaître que personne n'a mieux que lui mis en
lumière l'influence réelle de la main-d'œuvre dans cette
sorte d'industrie. « C'est de lui, dit-il en parlant de
l'ouvrier, qu'il dépend de débiter le charbon en mor-
ceaux aussi gros que possible, de réduire la portion ordinaire du menu, d'opérer avec soin le triage, d'épargner
les bois, l'huile, les rails, de maintenir les galeries toujours en parfait état... L'administration d'une houillère
est une œuvre difficile et les moyens de contrôle et d'encouragement y sont presque toujours impuissants.....
Les succès y dépendent surtout de la situation des lieux,
de l'abondance des gisements et de la qualité du personnel ouvrier » (1). Le fait du reste n'est pas nouveau,
la participation aux bénéfices a déjà été appliquée dans
les mines avec succès. L'exemple des houillères anglai-

---

(1) *La question ouvrière au* XIXᵉ *siècle*, p. 215.

ses de Witvood et de Methley Junction a été si souvent cité qu'il est presque devenu classique (1).

Frappés des avantages dont nous venons de nous rendre compte, certains auteurs se sont demandé si un décret de concession pouvait obliger l'exploitant à faire participer, dans une certaine mesure, les ouvriers de la mine aux bénéfices de l'exploitation et si le concessionnaire pouvait résister à l'exécution d'une pareille clause. A quelques-uns, il a paru qu'elle devait être validée. Elle peut être introduite, ont-ils dit, pour favoriser la bonne exploitation des mines et ce motif doit suffire à la faire maintenir. Personne, en effet, ne peut contester que les grèves et les agitations ouvrières soient un danger permanent pour le succès des entreprises minières. Il n'est pas défendu au gouvernement de croire que la participation de l'ouvrier aux bénéfices de l'entreprise sera un gage de conciliation entre les intérêts des travailleurs et ceux de l'exploitation elle-même.

Nous repoussons cette manière de voir. Elle est selon nous la manifestation de cette idée entièrement fausse d'après laquelle l'industrie des mines ne serait pas libre et qui veut que, parce que la mine a été concédée par l'Etat, ce dernier puisse imposer à l'exploitant, soit au moment de l'attribution, soit dans la suite, l'exécution de toutes les mesures qu'il aura jugées convenables. Dans l'acte de concession, en effet, le gouvernement, qui n'est pas propriétaire des mines, n'agit point comme partie, mais simplement pour l'applica-

____

(1) *Ibid.*, p. 213.

tion des lois et dans l'intérêt général. Dès lors, cette partie intégrante du décret de concession qui s'appelle le cahier des charges n'est pas une convention, mais un acte passé par l'autorité publique pour l'exécution des lois existantes sur les mines. En conséquence, si le gouvernement peut imposer toutes les charges et conditions déterminées par ces lois ou les décrets et règlements relatifs à notre matière, il est sans autorité pour faire prévaloir des clauses qui y sont étrangères. Or, il n'est manifestement entré ni dans l'esprit du législateur de 1810, ni dans celui de ceux qui ont complété son œuvre, de donner à l'Etat le droit de garantir un juste salaire aux ouvriers des mines. L'acte de concession peut contenir les prescriptions les plus minutieuses pour défendre la sécurité des ouvriers : dans cette voie, l'art. 50 permet à l'administration d'aller jusqu'aux limites de la plus extrême prévoyance. Mais nulle part il n'est dit que la loi assure aux ouvriers la juste rémunération de leur travail, pas plus qu'il ne ressortait des dispositions de l'acte de 1810, avant la loi de 1894, que le patron était obligé de participer aux caisses de prévoyance ou de secours.

L'octroi d'une participation est donc et doit rester, selon nous, pour le chef d'entreprise, un acte essentiellement libre, et l'Etat ne doit pas subordonner la concession des mines à la condition que les exploitants feront profiter leurs ouvriers des gains qu'ils auront réalisés. Mais en y consentant librement et en organisant eux-mêmes la participation aux bénéfices, nous croyons que ces derniers feront une œuvre d'équité et de justice.

Une observation s'impose en terminant. Quelle base trouver pour permettre de liquider les comptes sans donner aux ouvriers ce droit de contrôle qui effraye tant les patrons ? Nous croyons, à ce point de vue, que la part du travail pourrait utilement être calculée sur le produit net, tel qu'il est établi pour la fixation de la redevance proportionnelle au profit de l'Etat.

CHAPITRE VII

DE L'ARBITRAGE

Signalons enfin, en terminant ce rapide exposé de la législation applicable aux ouvriers mineurs, la loi des 27-28 décembre 1892, qui a eu pour objet de mettre fin aux différends d'ordre collectif, existant entre ouvriers et patrons, en organisant pour les trancher d'abord la conciliation, puis l'arbitrage, auxquels les parties intéressées ne sont pas soumises et auxquels elles ont seulement la faculté de recourir. Cette loi, qui était attendue avec impatience et à laquelle il a souvent été fait allusion dans les discussions parlementaires sur le régime des mines, n'a pas donné tous les résultats qu'on en attendait; elle n'a pu notamment mettre fin à la grève des mineurs du Nord en 1893. On peut attribuer cet insuccès à l'opposition persistante d'intérêts existant entre les ouvriers, très nombreux d'une part, et les puissantes compagnies de l'autre. Aussi a-t-on proposé récemment de faire un pas de plus et de rendre l'arbitrage obligatoire dans l'industrie.

TROISIÈME PARTIE

Législation comparée.

Si pour procéder à une revue rapide des législations minières des principaux pays, on cherche une méthode de classement, il semble qu'on doive s'attacher encore au mode d'acquisition de la propriété des mines. Sans doute, le caractère que nous envisageons ne conduit pas toujours à une distinction bien tranchée des différents régimes, il peut ne pas différencier suffisamment les principes qui ont inspiré chaque législation; mais du moins a-t-il l'avantage d'offrir une division simple et facilement saisissable. Aussi l'adopterons-nous et diviserons-nous les législations minières en quatre groupes, correspondant chacun aux quatre grandes théories sur l'acquisition de la propriété des mines que nous avons successivement étudiées.

PREMIER GROUPE

LÉGISLATIONS REPOSANT SUR LE PRINCIPE DE L'ACCESSION

Dans les pays régis par ce système, la mine n'a pas d'existence juridique, ne constitue pas une propriété distincte; il n'existe, à vrai dire, que des substances minérales enfouies dans le tréfonds, dépendant de la sur-

face et appartenant par droit d'accession au possesseur
de la superficie. L'absence de propriété minière, voilà le
caractère propre des législations de ce groupe. Il ne
saurait y avoir place pour une législation spéciale, on
traite simplement les matières souterraines comme les
autres produits de la terre et on leur applique les principes du droit commun. A côté de certaines législations
fournissant le type classique de ce système, nous en
rencontrerons d'autres qui, peu à peu, tendent à s'en
éloigner.

Angleterre. — Le droit anglais continue à fournir le
type classique du système de l'accession (1). Cependant,
dans quelques régions et pour quelques métaux, le droit
du premier occupant est encore maintenu : c'est le cas
pour l'étain, dans le Cornouailles et le Devonshire;
pour le plomb, dans le Derbyshire. Sauf ces exceptions
très limitées, les propriétaires fonciers ne relèvent que
d'eux-mêmes et peuvent ouvrir des mines sans l'autorisation de l'Etat. Ils les exploitent quelquefois avec le
concours de domestiques ou de tenanciers, mais les
louent le plus souvent pour 20 ou 30 ans et moyennant
une redevance dite *royalty*. La redevance, qui n'a que
le caractère d'un simple fermage, est la plupart du
temps du dixième ou du quinzième du minerai extrait;
les mines profondes ne paient que le vingt-quatrième.
A la fin du bail et si le renouvellement n'a pas lieu, les
compagnies doivent abandonner leurs constructions aux
propriétaires, avec mais le plus souvent sans indemnité,

---

(1) V. Blackstone, *Commentaire sur les lois anglaises*, trad. Chompré,
I, p. 539.

aux termes des conventions. La puissance publique ne s'occupe de cette industrie que pour y exercer les mêmes pouvoirs de police qu'envers les autres propriétés, et pour percevoir le montant de l'impôt foncier et de l'*income-tax* auxquels les mines sont soumises.

Sans avoir de Code minier proprement dit, l'Angleterre possède un certain nombre de lois relatives à la police et à la surveillance des mines. Citons l'*act* du 10 août 1842 qui a interdit, comme en France, les travaux souterrains aux femmes et aux enfants mineurs ; les lois des 14 août 1850, 14 août 1855, 20 août 1860, et surtout les deux lois portant la date commune du 10 août 1872 (1) qui réglementent les modes d'exploitation et d'aménagement en même temps que les conditions économiques de l'emploi des ouvriers. On a récemment soulevé en Angleterre, comme dans notre pays, la question de la réforme de la législation des mines (2).

Canada. — Le droit privé général est ici le même qu'en Angleterre. Ce n'est que si l'on s'attache au régime particulier des terres de la couronne qu'on peut faire des remarques spéciales. Les terres sont divisées en deux classes, suivant leur nature. Pour celles qui sont considérées comme simplement propres à la culture, la vente domaniale est réputée porter exclusivement sur la surface et l'acquéreur n'a pas, en conséquence, le droit de procéder à l'extraction des substan-

---

(1) *Ann. de lég. comp.*, 1873, p. 32.
(2) Proposition Conybeare.

ces minérales ; il est nécessaire qu'il achète ce droit et paie au Trésor un nouveau prix. Au contraire, pour les terrains qui sont classés comme miniers, on retrouve l'indivision du sol et du tréfonds.

Les principaux monuments législatifs du Canada sur la matière qui nous occupe sont l'acte du 14 juin 1872 (ch. XXIII), et la loi du 24 juillet 1880 (1). Cette dernière loi renferme une réglementation complète du droit d'exploiter les mines, tant au point de vue des rapports des propriétaires du sol et des exploitants, qu'au point de vue des rapports des uns et des autres avec les pouvoirs publics.

Etats-Unis. — Si nous arrivons aux Etats-Unis, nous trouvons une distinction établie entre les terrains particuliers et les terres à la disposition de l'autorité fédérale. Les mines situées dans les premiers sont régies par les lois spéciales à chaque Etat qui a le droit de légiférer sur ce point. Telle est l'origine des lois du 3 mars 1870 pour la Pensylvanie, du 27 mars 1872 pour l'Illinois, du 1er juillet 1880 et du 31 mars 1891 pour la Californie, etc. Ces lois consacrent en général la théorie de l'accession. Quant aux mines faisant partie des terres fédérales, la possession en est réservée aux seuls nationaux : nous retrouvons la distinction admise au Canada en terres agricoles et en terres de mines. La législation a peu à peu abandonné le système de l'accession qui constituait le fondement des anciennes coutumes pour reconnaître le droit du premier occupant. Si nous la rangeons néanmoins dans cette caté-

____

(1) *Ann. de lég. étrang.*, 1881, p. 694.

gorie, c'est que nous estimons que l'évolution qui tend à la rapprocher de cette dernière théorie n'est pas encore achevée. En effet, les substances minérales sont encore dans une relation étroite avec la superficie, en ce sens que pour creuser le puits destiné à les atteindre il faut être propriétaire d'une portion du sol et que la servitude d'occupation au profit des explorateurs n'existe pas. Sauf ces restrictions, le premier occupant, moyennant l'obligation de suivre une procédure spéciale et de verser une somme d'argent déterminée, se voit attribuer la propriété incommutable et perpétuelle de la concession. Cependant la déchéance peut être prononcée contre lui, si l'exploitation n'est pas jugée suffisante. C'est ce que décide la loi du 26 juillet 1866. Une autre loi du 10 mai 1872 a réglé la situation des gîtes ou *placers*. Pour les filons minéraux, la concession se fait par *claims* ayant la forme de parallélogrammes dont les grands côtés suivent la direction du gîte ; l'acquéreur a le droit d'exploiter toutes les veines affleurant dans son *claim*. Ce qui constitue l'originalité du système, c'est que le propriétaire, au lieu de s'arrêter aux limites de son champ, peut les dépasser et suivre le filon sous les terres avoisinantes, « dans tous ses plis, replis et changements » compris entre les deux plans verticaux passant par les petits côtés du *claim*. On le voit, c'est là à peu près le système que préconisait Turgot : la possession de la surface ne confère aucun droit sur les substances minérales, mais elle accorde la faculté de pénétrer jusqu'à elles pour s'en rendre maître.

Mentionnons, pour compléter ces explications, la loi

analogue du 3 mars 1873 sur les gisements houillers.

Russie. — Le *Svod* ou Digeste russe renferme l'ensemble du droit minier qui n'a été modifié dans la suite que par quelques lois des 8 mars 1864, 24 mars 1870 et 1er février 1872. Le principe de l'accession est la base sur laquelle repose cette législation. Mais encore faut-il, pour être exact, restreindre cette proposition aux propriétés privées. Dans les terres dépendant de la couronne, l'acquisition des mines repose, en effet, sur l'invention. Une réglementation spéciale existe sur la découverte des métaux précieux.

La loi la plus récente promulguée sur notre sujet est spéciale à la Finlande; elle porte la date du 12 novembre 1883 (1). Cette législation repose sur le principe du permis d'exploiter (*immutning*). Ce système est une sorte de moyen terme entre le régime des concessions, tel qu'il est pratiqué en France, et l'abandon des mines aux propriétaires du sol comme en Angleterre. Toute personne qui remplit les conditions légales et qui demande un permis d'exploiter peut l'obtenir; la préférence appartient au premier en date. Le propriétaire superficiaire n'a aucun privilège, à moins toutefois qu'il n'ait formé une demande le même jour qu'un autre concurrent. Mais ses droits sont encore considérables : il peut toujours demander à participer pour moitié à l'exploitation qui se fait sur son sol, et garde le droit d'exploiter tous les minéraux qui ne sont pas compris dans l'énumération limitative donnée par la loi. Lorsque les recherches ont atteint une certaine étendue, c'est-à-

---

(1) *Ann. de lég. étrang.*, 1884, p. 692.

dire dans les deux ans de l'obtention du permis d'exploiter, un périmètre doit être fixé par le directeur des mines. Il convient de signaler, comme provenant de la configuration spéciale du sol, les dispositions relatives aux distances à observer entre exploitations et à l'extraction du minerai lacustre. Un travail minimum est imposé par la loi à peine de déchéance. Cette loi tend donc à s'éloigner considérablement du principe de l'accession ; elle se rapproche beaucoup de la législation suédoise que nous verrons d'autre part, et est distincte de la législation russe elle-même.

Canton de Genève. — Dans le canton de Genève, la loi reconnaît les droits du superficiaire. Chacun a la faculté de fouiller son champ et d'en extraire les substances minérales ; il peut en outre, s'il le veut, pousser ses travaux sous le champ voisin, mais à charge de payer une indemnité ; à défaut d'entente amiable, l'indemnité est fixée par l'autorité judiciaire.

La loi qui résume ces dispositions porte la date du 13 mai 1839.

Ancien royaume des Deux-Siciles. — La loi napolitaine du 17 octobre 1826 y est encore appliquée, concurremment avec une circulaire ministérielle du 21 février 1868 spéciale aux mines de soufre. Cette loi présente plus d'une analogie avec la loi française du 28 juillet 1791. Elle reconnaît aux propriétaires du sol le droit d'exploiter les matières métalliques et semi-métalliques se trouvant dans leur champ ; elle se rapproche aussi de la loi génevoise en ce qu'elle confère aux exploitants la faculté de travailler sous les héritages voisins à charge d'indemnité. Ce n'est que si les superficiaires n'exploitent pas que le gouvernement intervient et peut accorder des concessions.

Canton de Fribourg. — Dans ce canton, la situation est inverse. En principe et aux termes de la loi du 4 octobre 1850, les mines sont domaniales. Mais aussi longtemps que l'Etat n'a pas manifesté son intention d'entreprendre l'extraction, les propriétaires peuvent procéder librement à l'exploitation des substances souterraines. Certains droits sont en outre reconnus à l'inventeur.

DEUXIÈME GROUPE

LÉGISLATIONS REPOSANT SUR LE PRINCIPE DE L'INVENTION

Dans ce système, les mines forment des biens spéciaux distincts de la surface; il faut, pour en conférer la propriété, une véritable investiture administrative; mais celle-ci n'est point, comme en France, la manifestation d'un acte gracieux du gouvernement, elle n'est que la reconnaissance d'un droit antérieur, d'un titre préexistant. Nous y rencontrons l'obligation, pour l'exploitant, de maintenir la mine en activité, que nous avons déjà vue se manifester dans la théorie précédente, et qui apparaîtra dans la suite dans les législations régaliennes. Cette obligation acquiert ici une importance particulière. En effet, l'occupation étant le fait générateur du droit de l'exploitant, il faut qu'elle soit continue et effective pour que ce droit subsiste avec elle. S'il en est autrement, si l'exploitation vient à cesser, les tiers doivent logiquement se prévaloir de cet état de choses pour posséder à leur tour ces richesses devenues vacantes. Il est facile, en outre, de constater qu'au fur et à mesure des progrès de l'état social, le système de l'occupation subit des modifications profondes. Ce n'est pas l'ensemble des principes rigoureusement logiques posés par Turgot que nous avons sous les yeux : nécessité de la détention matérielle pour acquérir la propriété, l'occupation ne conférant un droit que sur la seule portion sur laquelle elle s'exerce. A l'appréhension physique, on a substitué une sorte d'appréhension juridique ; le premier demandeur va être considéré comme le premier occupant et pourra exercer son droit dans les limites exigées par les besoins de l'exploitation. Nous venons de parler des besoins de l'extraction : ici encore, on semble s'être éloigné des principes posés par Turgot et au lieu d'appliquer strictement l'idée de l'occupation aux matières souterraines, lui avoir donné l'extension que comportaient les nécessités pratiques. Au lieu de conférer simplement à l'exploitant la propriété des substances atteintes, on en est venu à constituer une zone légalement déterminée, une sorte de périmètre dans lequel il jouira d'un véritable monopole. Tels sont, exposés d'une façon très générale, les traits principaux de la classe spéciale de législations à laquelle nous sommes arrivés. Les transformations dont nous avons parlé tout à l'heure sont bien plus accentuées en Europe qu'en Amérique.

Mexique. — Le Mexique a remanié son ancienne législation par le décret du 22 novembre 1884 (1);

---

(1) *Ann. de lég. étrang.*, 1884, p. 821.

mais il est resté fidèle aux principes du droit colonial espagnol contenus dans les ordonnances de Mexico du 22 mai 1783. Les mines s'acquièrent à la priorité de la demande et en exécutant dans un délai de quatre mois les travaux déterminés par la loi et de nature à prouver l'existence du gisement. Autour de ces travaux ainsi exécutés, on procède à la délimitation d'une zone réservée, dite *pertenencia,* dont les dimensions et la forme sont réglées par la loi.

Nous trouvons aussi le *labor legal* qui consiste dans l'emploi, en une année, de six ouvriers travaillant vingt-six semaines à l'intérieur de la mine. L'administration peut accorder des autorisations de chômer, mais son pouvoir est fort limité. Si l'exploitation cesse en effet ou se ralentit contrairement aux dispositions de la loi, il y a lieu à *denuncio;* la personne qui signale le fait à l'autorité et forme une demande régulière obtient elle-même la concession. Le propriétaire superficiaire n'a droit à aucune redevance et cela est logique, puisqu'on est arrivé à la formation de la propriété de la mine, sans se préoccuper de la surface. La loi s'occupe en détail des sociétés minières et des mesures à prendre pour assurer la conservation de la mine et la sûreté de ses ouvriers. Un département des mines et des assemblées élues, les *deputationes,* concourent à l'exécution de ces prescriptions.

Pérou. — Les lois péruviennes des 17 avril 1873 et 12 janvier 1877 (1) s'inspirent des mêmes principes que la législation mexicaine, mais en diffèrent cepen-

____

(1) *Ann. de lég. étrang.,* 1877, p. 774.

dant sur un point spécial. Au lieu de fixer un minimum de travail et d'exiger la présence d'un certain nombre d'ouvriers, il est stipulé qu'une redevance superficielle de 26 à 56 francs par hectare, suivant l'inclinaison de la couche, sera payée chaque semestre. C'est là une modification apportée à l'obligation du *labor legal*. Dès que la taxe est acquittée par le concessionnaire, peu importe qu'il exploite ou non ; le législateur s'en est rapporté sur ce point au souci de ses intérêts. Mais en cas de retard, le défaut de paiement produit tous les effets du chômage illégal : le droit de propriété tombe, il y a lieu à *denuncio* et toute personne peut réclamer la possession de la mine abandonnée. Cette transformation a été réalisée pour donner plus de liberté d'action au concessionnaire, et pour apporter une sanction plus efficace aux obligations légales qui lui incombent.

Chili. — La législation chilienne est également à peu de chose près semblable à celle du Mexique. Il est à remarquer que, comme dans ce dernier pays et plusieurs autres États américains, certaines substances seules sont déclarées concessibles, les autres peuvent être exploitées par les superficiaires. L'inventeur d'une mine, après avoir formé une première demande et exécuté certains travaux pour lesquels un délai de 90 jours lui est imparti, doit adresser une deuxième demande en concession dont l'enregistrement lui confère la propriété définitive de la mine. Celle-ci constitue une propriété immobilière, distincte de la surface et perpétuelle comme cette dernière ; mais les actes d'aliénation de la concession doivent être authentiques.

Le droit minier chilien, comme celui des autres Etats américains, présente une particularité intéressante : ce sont les *contrats d'avios* par lesquels une personne s'engage à exécuter les travaux nécessaires pour la mise en exploitation d'une mine, et obtient en retour le droit de se désintéresser sur les produits de la mine par privilège sur les autres créanciers.

La loi chilienne porte la date du 18 novembre 1874. La loi argentine du 1ᵉʳ décembre 1854 présentant des particularités analogues, nous ne faisons que la mentionner.

Suède et Norvège. — Sauf pour quelques mines qui appartiennent à l'Etat, les concessions s'accordent ici à la priorité de la demande et l'obligation du travail minimum subsiste. Tandis que dans les législations précédentes aucun droit n'était reconnu aux propriétaires du sol, dans celles-ci au contraire on a fait une petite part au principe de l'accession. Les superficiaires, lors de la concession, peuvent réclamer une association pour l'exploitation et y participer jusqu'à un dixième en Norvège et jusqu'à moitié pour la Suède. En Suède, le droit d'exploitation est regardé comme simplement mobilier et peut être cédé en prévenant l'administration 90 jours d'avance. Les étrangers ne peuvent devenir concessionnaires qu'avec l'autorisation du roi.

Signalons pour la Suède, la loi du 16 mai 1884 (1) et celle du 28 mai 1886 (2); pour la Norvège, l'acte du

------

(1) *Ann. de lég. étrang.*, 1884, p. 635.

(2) *Ann. de lég. étrang.*, 1887, p. 593.

14 juillet 1842, les lois des 19 avril 1873 et 14 juin 1884.

Autriche. — Nous citons la législation autrichienne dans ce groupe, parce qu'elle a son point de départ dans la théorie du droit de l'inventeur, bien qu'elle tende à se rapprocher sensiblement des principes domaniaux et surtout régaliens. La loi fondamentale du 23 mai 1854 (1), complétée par l'ordonnance du 25 septembre suivant et la loi du 28 avril 1862, a abrogé la réglementation coutumière qui était précédemment applicable. Cette loi, tout en subordonnant les travaux de recherches à l'autorisation du gouvernement, accorde un droit de fouille exclusif (*Freichurf*) pour un périmètre déterminé, à celui qui indique à l'administration le point compris dans ce périmètre sur lequel il veut entreprendre un travail d'exploitation. Lorsqu'il a découvert des minéraux exploitables, il obtient la concession d'une ou deux mesures de mines, suivant qu'il s'agit de minéraux en général ou de houille en particulier. Les mesures de mines sont considérées comme de véritables propriétés immobilières. A la différence de notre système français, le concessionnaire peut extraire tout ce qu'il veut dans son périmètre, à l'exception des produits d'or ou d'argent dont l'État se réserve la délivrance spéciale. Le contrôle exercé par le gouvernement est assez étendu : l'exploitation doit être maintenue en état d'activité suffisante et être conduite de manière à ne pas compromettre l'avenir de la mine et la sécurité des propriétés extérieures. La sanction de ces dispositions est l'expropriation et la vente

---

(1) *Annales des mines*, 6º série.

aux enchères. La redevance proportionnelle a été abolie : il ne subsiste plus, à côté de la redevance fixe de six florins par mesure de mines, que l'impôt de 8 0/0 sur le revenu brut de la mine.

Une particularité de cette législation, c'est son extrême rigueur vis-à-vis du propriétaire de la surface. Ce dernier n'a droit à aucune redevance et doit céder à l'exploitant soit les terrains, soit les eaux indispensables aux travaux miniers : cette dépossession ne donne ouverture à son profit qu'à une simple indemnité pour l'évaluation de laquelle le tribunal des mines jouit d'un pouvoir discrétionnaire. La propriété de la surface n'est donc pas entourée des garanties que lui assurent les art. 43 et 44 de notre loi de 1810, bien qu'il existe une disposition assez semblable à celle de l'art. 11 de la même loi.

Une section spéciale de la loi des mines est consacrée aux rapports entre patrons et ouvriers et aux institutions de prévoyance. Elle a été complétée dans la suite par une loi du 28 juillet 1889 relative à la situation spéciale des associations fraternelles de mineurs (1).

Prusse. — Plus récente, la loi prussienne du 24 juin 1865 se montre aussi plus régalienne. C'est à l'inventeur qu'est attribuée la propriété du tréfonds ou, du moins, c'est à celui qui le premier en a adressé la demande à l'administration. Comme en France, la propriété minière a un caractère immobilier perpétuel

---

(1) *Ann. de lég. étrang.*, 1890, p. 363. — V. aussi loi du 28 déc. 1887 sur l'assurance obligatoire contre les accidents.

et est distincte de celle de la surface. La demande en concession doit être simplement accompagnée de la preuve de l'existence de la mine; elle ne peut jamais dépasser une superficie de 219 hectares. Contrairement à ce qui se passe en Autriche, le droit d'exploiter est restreint à la substance pour laquelle la demande a été faite. La déchéance peut être prononcée au cas où, malgré l'injonction de l'administration, le concessionnaire refuse d'exploiter ou de reprendre les travaux interrompus; mais le gouvernement ne peut intervenir que si « des motifs impérieux d'intérêt public » l'exigent. Toutefois l'ingérence administrative se manifeste d'une façon beaucoup plus sensible que dans notre pays. C'est ainsi que le gouvernement peut vérifier et modifier le plan des travaux dans un intérêt de police; de plus, celui-ci a le droit, s'il le juge nécessaire, de s'assurer de la capacité du personnel; tout autant de vestiges du vieux droit coutumier allemand et de la Bulle d'or de 1356 qui faisaient de l'exploitant un simple associé de l'Etat.

Comme dans la loi autrichienne, la propriété minérale, une fois constituée, jouit ici d'une certaine prééminence sur la propriété de la surface. Le possesseur du sol n'a droit à aucune redevance pour le fait seul de l'exploitation. Seulement si le concessionnaire occupe, comme il en a le droit, des terrains à la surface du périmètre, il doit une indemnité annuelle, calculée au simple du préjudice causé, aussi longtemps qu'il est impossible d'en tirer parti. Les propriétés bâties ou leur voisinage immédiat sont d'ailleurs, de la part de la loi, l'objet d'une protection spéciale.

Il convient de signaler, dans un autre ordre d'idées, un caractère qui est commun à toutes les lois allemandes : c'est qu'elles édictent un certain nombre de dispositions relatives aux rapports entre patrons et ouvriers, notamment en ce qui regarde les accidents et l'affiliation aux caisses de secours et de retraites. Ces institutions de prévoyance existaient déjà dans un grand nombre de mines depuis de longues années. En les rendant obligatoires, les lois récentes ont surtout fait œuvre de conservation, bien que le reproche qui leur a été souvent adressé de tendre au socialisme d'Etat ne puisse être complètement écarté (1).

La loi du 24 juin 1865 a été, sauf quelques modifications, appliquée à l'Alsace-Lorraine le 16 décembre 1873 (2). Les lois bavaroise du 20 mars 1869 et saxonne du 16 juin 1858 adoptent aussi, à peu de chose près, les principes de la législation prussienne.

Espagne. — La législation actuellement en vigueur est formée par la loi du 4 mars 1868 et le décret du 24 décembre de la même année. Si les carrières appartiennent au superficiaire ainsi que les minières, en principe et au sens français du mot, les mines sont concédées à la priorité de la demande. La concession porte sur tout le sous-sol compris dans le périmètre et peut être accordée à un étranger comme à un national. Mais ce qui étonne, c'est l'absence des restrictions établies dans les autres pays dans l'intérêt de la puissance publique. C'est ainsi que l'étendue de la concesssion

---

(1) Cf. lois allemandes des 15 juin 1883, 6 mars 1884, 22 juin 1889.

(2) *Ann. de lég. étrang.*, 1874, p. 571.

est laissée à l'appréciation du demandeur et qu'aucun maximum n'est fixé par la loi ; qu'aucune procédure n'est organisée pour s'assurer de l'existence et de l'exploitabilité de la mine ; qu'enfin l'administration n'a aucun pouvoir de réglementation et de police sur les concessions. Si certains auteurs ont pensé qu'un pareil régime pouvait favoriser les progrès de l'industrie minérale, nous admettons, avec M. Aguillon, qu'on se trouve en présence « plutôt du manifeste d'un économiste théoricien que du travail d'un législateur au courant de la pratique des mines (1).

Portugal. — Le Portugal nous sert de transition pour arriver au système domanial. Les concessions y sont perpétuelles, et le décret-loi du 31 décembre 1852 reconnaît à l'inventeur un droit formel à la concession, sous la condition de formuler sa demande dans les six mois de la découverte et de justifier des ressources suffisantes. Si l'inventeur ne fait pas valoir son droit ou si on se trouve en présence de mines déjà connues, l'Etat redevient libre d'accorder la concession de la manière qu'il juge la plus convenable. Remarquons que l'appréciation du droit de l'inventeur est ici garantie par un recours au conseil d'Etat, et que le propriétaire de la surface conserve le droit à une redevance tréfoncière, aussi longtemps que l'exploitation a lieu sous sa propriété. De même qu'en Allemagne, le droit de contrôle du gouvernement est assez étendu ; la cession du droit d'exploiter, le choix de l'ingénieur, sont soumis à l'autorisation de l'administration, qui fixe elle-même

---

(1) Aguillon, *op. cit.*, t. III, p. 266.

le degré d'activité à entretenir dans la mine. La sanction de toutes ces prescriptions est la déchéance pure et simple de la concession ; l'acte qui l'accorde a en effet, comme dans la théorie domaniale, un caractère essentiellement contractuel et peut être résolu pour inexécution des conditions.

TROISIÈME GROUPE

LÉGISLATIONS REPOSANT SUR LE PRINCIPE DE LA DOMANIALITÉ

Le droit domanial a perdu au cours de ce siècle beaucoup de l'importance qu'il avait autrefois. S'il subsiste dans plusieurs pays, il y a subi des modifications qui tendent à le rapprocher des autres théories sur la propriété des mines.

Canton de Berne. — Le droit domanial semble y avoir conservé sa forme primitive. La loi du 17 mars 1853 (1) reconnaît en effet à l'Etat le droit d'exploiter les mines ou de les affermer à des tiers pour une durée de 25 ans au maximum et à des conditions débattues entre le gouvernement et l'exploitant. Le droit, ainsi constitué, est personnel et mobilier; la cession doit être l'objet d'une autorisation administrative. Cependant des tempéraments sont apportés : des taxes tréfoncières sont prévues, ainsi que le payement d'une indemnité à l'inventeur.

Il en est à peu près de même des lois des cantons de Neufchâtel (19 juin 1857), et de Vaud (13 février 1800).

---

(1) *Ann. des Travaux publics de Belgique*, t. XII, p. 67.

Japon. — Le règlement du 4 mai 1873 reproduit à peu près les mêmes dispositions (1). Néanmoins le Gouvernement a renoncé à exploiter et a recours presque toujours à des concessions : les conditions de ces concessions ont été fixées une fois pour toutes dans le règlement précité et ne sont pas déterminées par voie de mesures individuelles. La durée maxima est de 25 ans et la cession ne peut avoir lieu sans autorisation. Un minimum d'exploitation est stipulé et plusieurs cas de déchéance sont prévus : participation d'étrangers à l'entreprise, extraction insuffisante, refus d'obéissance aux injonctions administratives, cession non autorisée.

Vénézuéla. — Le décret du 15 novembre 1883 semble marquer les concessions minières d'un caractère emphytéotique qui leur faisait défaut dans les précédentes législations. Le gouvernement peut faire varier la durée de 50 à 99 ans. Si l'exploitant est obligé de soumettre ses plans au gouvernement, de commencer les travaux dans les dix-huit mois de son investiture et de payer régulièrement les redevances, il n'est pas tenu de maintenir la mine en activité et il lui est loisible de vendre sans autorisation.

Turquie. — Le règlement du 3 avril 1869 s'inspire des mêmes principes (2). Les concessions sont accordées pour une durée de 99 ans, mais la cession de la mine n'est pas libre et le maintien de l'exploitation est obligatoire. Aucune indemnité n'est due au propriétaire superficiaire.

---

(1) *Ann. des mines*, 1885, p. 489.

(2) *Ann. des mines*, 7e sér., IV, p. 80.

QUATRIÈME GROUPE

LÉGISLATIONS REPOSANT SUR LE PRINCIPE RÉGALIEN

Belgique. — La loi française du 21 avril 1810 est toujours en vigueur en Belgique : la seule dérogation importante qui y ait été apportée est celle de la loi du 2 mars 1837 qui a reconnu, au profit des superficiaires, « un motif de préférence » dans la concession des mines. Cette loi a été surtout inspirée par le désir d'organiser le Conseil des mines qui correspond, en notre matière, au Conseil d'Etat français. Le Conseil des mines doit examiner la demande en concession; celle-ci est ensuite conférée par ordonnance royale, mais le roi ne peut pas, contrairement à ce qui se passe dans notre droit français, décider contrairement à l'opinion du Conseil (1). L'avis du Conseil des mines, en Belgique, est également exigé toutes les fois que le ministre prend des arrêtés, en vertu des art. 49 et 50 de la loi du 21 avril 1810 et des art. 4 et 7 du décret impérial du 3 janvier 1813 (2). La loi belge a également réglé l'indemnité due au propriétaire de la surface, dans le cas où la concession est faite à un étranger, afin de mettre un terme à la pratique qui tendait à n'allouer qu'un chiffre illusoire. A l'avenir, l'indemnité doit consister dans une rente composée d'un droit fixe de 0 fr. 25 par hectare et d'un droit proportionnel équivalent à 3 0/0 du produit net (3). L'art. 12 de la loi précitée, devan-

---

(1) Art. 7, al. 2, 1. de 1837.
(2) Art. 7, al. 3 et 4.
(3) Art. 9, *Ibid.*

çant de plusieurs années la législation française, a accordé en outre au concessionnaire le droit de construire en dehors comme à l'intérieur du périmètre, des voies de communication dans l'intérêt de l'exploitation ; mais il doit avoir obtenu au préalable une déclaration d'utilité publique.

Signalons, dans l'ordre chronologique, comme rentrant dans le droit minier de la Belgique, la loi du 26 avril 1853, qui a prohibé l'exportation du minerai de fer ; celle du 8 juillet 1865, relative à l'art. 11 de la loi de 1810 et portant que l'autorisation du propriétaire n'est requise qu'autant que les terrains où doivent être exécutés les travaux lui appartiennent et sont attenants à sa maison (1) ; l'art. 136 de la loi du 18 mai 1873, relatif aux Sociétés de mines (2) ; enfin le règlement très complet du 28 août 1884, sur la police des mines. Les concessionnaires belges sont en outre obligés de prendre part à l'entretien des caisses de prévoyance organisées par la loi du 17 août 1874.

Hollande. — La loi du 21 avril 1810 est aussi appliquée en Hollande, quoique d'une façon moins libérale ; les droits de l'Etat y sont, en effet, plus nombreux et plus étendus (3).

Grèce. — Cette rigueur se rencontre aussi dans la législation grecque, représentée par les lois des 26 avril 1867 et 17 janvier 1877 (4). Sans doute, les concessions

---

(1) Cpr. art. 11, 1. de 1810, mod. par l. 27 juillet 1880.

(2) *Ann. de lég. étrang.*, 1874, p. 365.

(3) Acte du 28 janvier 1860.

(4) *Ann. des mines,* 7ᵉ sér., IV, p. 32.

s'accordent comme en France; mais la dépendance dans laquelle se trouvent les exploitants est plus étroite : si les travaux d'exploitation ne sont pas commencés dans l'année, s'il y a chômage non autorisé de plus d'une année, s'il y a contravention aux mesures administratives, la déchéance peut être prononcée. Une autorisation pour vendre et affermer la mine est également nécessaire.

Sardaigne et Piémont (1). — Si la loi belge fait la part du propriétaire de la surface, la législation sarde, constituée par le décret du 20 novembre 1859 (2), s'attache aux droits de l'inventeur pour déterminer la préférence dans l'obtention de la concession. Celui-ci a un délai de six mois à partir de l'arrêté ministériel, constatant la découverte de la mine, pour réclamer le bénéfice qui lui est accordé; mais il doit toujours justifier des facultés techniques et financières nécessaires à l'exploitation. Si l'inventeur ne réclame pas ou si les garanties qu'il présente sont jugées insuffisantes, l'administration a pleine liberté pour le choix du concessionnaire. La promulgation du chômage au-delà de deux années permet une mise en demeure, et la sanction consiste, comme dans les autres législations régaliennes, dans l'expropriation suivie de la vente aux enchères.

Ce qu'il y a de remarquable dans la loi sarde, c'est qu'il n'existe pas de redevance tréfoncière au profit du

---

(1) Il n'existe pas encore de loi générale des mines pour le royaume d'Italie.

(2) *Ann. des trav. publ. de Belgique,* XXIII, p. 42.

superficiaire. L'indemnité de non-jouissance à raison de l'occupation temporaire de la surface est réglée, comme en France, au double de ce qu'aurait produit net le terrain momentanément occupé. Mais, lorsqu'un trouble ou des dommages plus graves permettent au propriétaire d'exiger du concessionnaire l'acquisition de son terrain, la loi italienne, à la différence de la loi française, ne lui accorde pas le double de la valeur vénale dudit terrain. Le cas d'abandon volontaire est également réglementé par plusieurs dispositions.

L'administration a un droit général de réglementation et de police dans l'intérêt public : le règlement principal date du 23 décembre 1865.

APPENDICE

COLONIES FRANÇAISES ET PAYS DE PROTECTORAT

L'Algérie, pour laquelle un régime spécial avait d'abord été organisé par l'ordonnance royale du 21 juillet 1845, est soumise depuis la loi du 16 juin 1851 (1) à la législation française. Il en est de même pour la Guyane, sauf quelques modifications de détail et l'existence de règlements spéciaux pour les gisements et filons aurifères (2). Le décret du 22 juillet 1883 est venu aussi faire application à la Nouvelle-Calédonie de la législation de la métropole (3) : il convient de noter,

---

(1) D. P., 1851. 1. 91.

(2) D. du 18 mars 1881 (*Ann. des mines*, 83, p. 312).—D. du 9 août 1889, (*Ann. des mines*, 89, p. 320).

(3) *Ann. des mines*, 1883, p. 314.

entre autres particularités, que si le chômage est toléré, la redevance fixe due à l'Etat est en ce cas augmentée dans une proportion très sensible. En Annam et au Tonkin, la convention du 18 février 1885 a été remplacée par le décret du 16 octobre 1888 (1). La propriété définitive s'acquiert par prise de possession ou par voie d'adjudication publique; ce dernier mode d'acquisition n'est en vigueur que dans des régions spécialement désignées par l'administration.

La mine une fois concédée constitue une propriété distincte de celle du sol; elle est transmissible et les mutations en sont transcrites sur le livre des mines. Ce régime est un système mixte, reposant à la fois sur la théorie de l'occupation et sur celle du droit régalien. La Tunisie n'a pas encore de règlement général sur les mines, mais on peut dire qu'en fait les principes de la loi française de 1810 y sont largement appliqués. Ainsi les concessions sont perpétuelles et la déchéance peut être encourue.

---

(1) Cf. Krug-Basse, *op. cit.*, p. 179.

CONCLUSION

Que conclure de cette étude, car c'est pour arriver à
ce but que nous l'avons entreprise? Nous répétons en
terminant ce que nous disions au début : la méthode
historique, appliquée aux sciences juridiques, a pour
résultat d'attribuer à chaque disposition sa véritable
portée en en faisant saisir le sens et l'esprit. Elle permet, en outre, de préparer la voie aux réformes de l'avenir en faisant profiter des enseignements du passé et
de ceux du présent.

En nous plaçant d'abord au point de vue des différents systèmes qui résument les idées générales admises
sur la législation des mines, nous pouvons maintenant
en compléter l'histoire, en disant dans quel ordre ils se
sont succédé, et résumer ainsi l'évolution de cette partie de notre droit. Il semble que primitivement le système de l'occupation a dû dominer. Il s'est développé
naturellement à une époque où la surface était vacante
et où l'on n'avait qu'à se préoccuper de l'exploitation
minière. L'histoire vient appuyer cette conjecture, assez
vraisemblable en elle-même. En Angleterre, dans quelques régions seulement, des coutumes locales, vestiges
des premiers âges où se créa l'industrie extractive, ont
maintenu le droit du premier occupant; et c'est ce système qui paraît avoir formé les premières assises du

droit minier en Allemagne. En Californie encore, où
lors de la découverte des mines d'or, aucune législation n'était pratiquée, on retrouve aujourd'hui, dans les
coutumes qui s'y sont établies, les règles de la théorie
de l'occupation (1). Plus tard, lorsque la population
s'est accrue, que les terres ont été mises en culture,
des conflits sont nés entre les exploitants et les superficiaires : il a fallu trancher ces conflits. Les idées de
liberté presque complète prédominaient alors, et le pouvoir social qui venait seulement de se constituer n'était
investi que des attributions absolument indispensables
au maintien de l'Etat : on adopta la solution qui se
présentait le plus naturellement à l'esprit. L'occupation de la surface étant indispensable à l'exploitation
des mines, celles-ci devinrent un accessoire du droit
de propriété, une dépendance de la possession du sol.
Mais tandis que ce régime de liberté était conservé
dans quelques pays où aucune servitude légale en faveur
de l'extraction n'était imposée, dans d'autres, à l'inverse, des idées contraires se faisaient jour. Des gouvernements s'arrogeaient, sous le nom de droit domanial, un pouvoir souverain sur les mines, poussés à
cela, non par l'amour du bien public, mais par la con-
voitise excitée chez eux par les richesses découvertes
ou espérées. Entre ces deux opinions opposées, également distantes des principes du juste et de l'utile,
naissait, sous l'influence du droit romain classique si
bien appelé « raison écrite », le système du droit régalien. Cette étude nous a suffisamment convaincu que

____

(1) V. Aguillon, *op. cit.*

ce dernier système a, en se développant peu à peu, formé le véritable fonds de notre législation minière. Presque étouffé sous l'ancien régime par des réformes légèrement entreprises, trop multipliées et dénaturées par d'incessants abus, il apparaît à l'état encore embryonnaire, mais néanmoins très reconnaissable, dans notre loi de 1791, pour fructifier ensuite et produire la loi du 21 avril 1810. Ce système présente-t-il quelque avantage sur les autres ? La question est importante, car si l'on répond par l'affirmative, nous sommes en droit de nous demander quelle utilité présenterait l'universel et dangereux bouleversement que l'on se propose d'apporter dans cette branche de nos institutions juridiques. Pour nous, d'après les idées que nous avons antérieurement émises, notre réponse n'est pas douteuse. La théorie régalienne considérée en général est la meilleure solution du problème juridique de la condition légale des mines; son expression particulière, la loi du 21 avril 1810, est elle-même une œuvre satisfaisante. Dès lors, point n'est besoin d'y apporter un changement général, inutile et dangereux ; il convient uniquement d'améliorer notre législation minière et, respectant son point de départ, de la mettre dans les détails en harmonie avec le progrès juridique, économique et social. Les raisons qui justifient notre opinion sont théoriques et tirées de l'examen même des faits. Après les avoir exposées brièvement, nous indiquerons quelles réformes peuvent être réalisées.

La théorie régalienne est bonne considérée en elle-même et comparativement aux systèmes déjà examinés. Si on l'envisage isolément, on voit qu'elle n'est point

contraire au droit naturel, qu'elle permet de se renfermer dans les limites de l'impartialité et d'accorder à
chacun ce qui lui est légitimement dû. L'Etat est chargé
par la loi de concilier des droits opposés et de faire
la part de chacun; il attribuera la propriété des mines,
parce qu'agir au mieux des intérêts de la sociéié est
une obligation qui lui incombe. Au point de vue économique, elle permet d'éviter la division exagérée des
exploitations qui serait la ruine de l'industrie minérale,
écarte le monopole de l'Etat et facilite la concurrence
entre les divers exploitants sur les marchés français.
Quel système pourrait-on lui opposer? Celui de l'accession? Mais il méconnaît l'unité de la mine; il livre,
comme nous l'avons déjà vu, la possession des substances souterraines à l'arbitraire des divisions de la
superficie; pour ne pas vouloir pousser l'abstraction
jusqu'à faire de la mine une propriété distincte de toute
autre, il va à l'encontre des nécessités de l'industrie
extractive. Nous avons vu, il est vrai, certains pays
comme l'Angleterre faire de la théorie de l'accession la
base de leur législation minière et obtenir ainsi des résultats satisfaisants. Mais il ne faut point oublier que
cela tient aux conditions spéciales de la propriété ter-
rienne, dans ce pays de vastes domaines. L'exemple
des colonies anglaises ne saurait non plus être invoqué,
car les mines y ont été découvertes avant que la surface
n'eût été occupée, en sorte que l'union du sol et du tréfonds n'a pu être un obstacle. Mais ailleurs nous avons
vu les modifications apportées à la règle de l'accession,
les efforts tentés pour briser les entraves qui arrêtaient
l'essor des exploitations minières. N'est-ce pas la

preuve des inconvénients de ce régime? Quant au système de l'occupation que peut-on en dire? Si on l'envisage sous sa forme primitive, on voit qu'il s'est, somme toute, borné à déterminer les conditions de prise de possession et de conservation de la propriété des mines; il n'a traité la question qu'au point de vue civil, des rapports des individus entre eux; mais tout un côté lui en a échappé; il n'a tenu aucun compte de l'intérêt social qui s'attache à la mise en valeur des richesses minérales et à leur exploitation prévoyante, intelligente et économique; il ne s'est pas aperçu qu'il y avait là, à l'état latent et disponible, une énorme force productive dont la société ne pouvait se désintéresser et sur laquelle elle avait un véritable droit. Sans doute, cette théorie semble reposer sur des fondements plus solides que celle de l'accession : la création d'une chose nouvelle par la découverte et le travail, et elle présente certains côtés séduisants, comme stimulants à l'activité industrielle; mais l'étude de législation comparée à laquelle nous nous sommes livré nous a donné la mesure de sa valeur. Si elle est encore appliquée dans certains pays jeunes, naissants, où l'industrie est peu développée et peut se contenter d'une exploitation rudimentaire des substances souterraines, sa condamnation en Europe est un fait d'expérience. Il est vrai que ce système subsiste en Allemagne et cette considération jointe à celles précédemment faites, n'a pas peu contribué à lui attribuer une place prépondérante dans les projets de loi que nous avons passés en revue. Nous y retrouvons ce régime, mais transformé, modernisé, répondant aux besoins actuels, et nous avons signalé plus haut l'influence exercée sur les législations contemporaines de ces pays par les principes régaliens ; nous avons montré que les deux régimes sont fort voisins, qu'ils ne diffèrent que par le mode d'acquisition qui se fait dans l'un à la priorité de la demande, tandis que l'autre s'en remet au gouvernement du soin d'accorder les concessions au mieux des intérêts généraux. L'avantage n'est-il pas dès lors tout entier au système régalien ? La priorité de la demande n'est-elle pas un pur accident, ne pouvant constituer un titre sérieux à l'obtention d'une mine, incapable de légitimer une pareille acquisition ? Puisque ces législations reconnaissent et consacrent l'intérêt social de la mise en valeur des richesses minérales, pourquoi se bornent-elles à établir un contrôle répressif, souvent illusoire et inefficace ? Et peut-on expliquer autrement que par des raisons historiques, la répugnance des législateurs allemands à admettre la garantie vraiment sérieuse de l'examen de la capacité et des facultés des demandeurs en concession ?

Reste le système domanial. Nous l'avons déjà comparé avec la théorie régalienne. Bornons-nous à rappeler que le régime régalien se préoccupe moins de la personne morale représentant la société, que de la richesse générale formée par l'ensemble des biens privés, et qu'il vise à donner satisfaction aux besoins de la consommation publique, à favoriser la production, l'industrie et le travail national. On peut contester ce point de vue, mais il est conforme aux théories de l'économie politique et aussi longtemps qu'on ne les abandonnera pas pour les doctrines socialistes, il nous paraît qu'on devra s'en tenir au système régalien.

Ainsi cette commune comparaison est encore toute à l'avantage du vieux droit régalien. Que penser maintenant du monument législatif qui est son expression dans notre pays ? Nous avons déjà qualifié la loi de 1810 de satisfaisante (1). Pour bien en apprécier les avantages, il faut se placer à l'époque où elle a été faite. A l'ensemble confus des règlements de notre ancien droit avait succédé la loi de 1791, qui, tout en paraissant accorder à l'Etat les droits qui lui revenaient pour remplir sa mission sociale, les avait tellement restreints qu'ils étaient presque annihilés ; par là, on peut dire qu'elle avait accru les difficultés antérieures. De là, la nécessité d'une réglementation nouvelle. Le législateur de 1810 s'est mis à l'œuvre ; et pour couper court aux abus antérieurs, pour consacrer définitivement l'unité et la durée de ses travaux, il n'a pas trouvé de solution plus heureuse que l'expression nouvelle et très claire du droit régalien, la stricte fidélité à suivre le principe adopté et à s'y conformer dans les détails. Que l'on y rencontre çà et là des vices de rédaction, des dispositions surannées, nous n'y contredirons pas ; mais c'est là encore l'œuvre des circonstances. Il n'en est pas moins vrai que la conception d'une propriété nouvelle, distincte de toute autre, dont le droit d'attribution appartient à l'Etat représentant de l'intérêt

---

(1) Relevons à ce propos les paroles prononcées en 1889 par M. Darcy, président du Comité central des houillères : « La loi de 1810 a créé la propriété minière et elle a procuré à notre industrie, dans la mesure que comportait la situation économique, tous les développements réclamés par le bien public ». — V. *Journal officiel*, 1889. Doc. parl., *Annexes*, p. 411 et s.

social, est une idée féconde, rationnelle et destinée,
ainsi que l'avouent eux-mêmes les adversaires de la
législation actuelle, à subsister dans le cours des transformations qu'ils veulent y apporter. Remarquons, du
reste, que le législateur de 1810 ne saurait être critiqué
pour son esprit exclusif; il a voulu, avant tout, créer
une œuvre pratique, et parce qu'il avait pour mission
de concilier des droits différents et opposés, il lui a
fallu emprunter à chaque théorie ce qu'elle avait de
plus juste et de meilleur. C'est ainsi que le respect des
prérogatives du superficiaire s'y retrouve sous la forme
d'une redevance tréfoncière qui lui est allouée; et celui
du droit de l'inventeur, dans l'attribution d'une indemnité, au cas où un autre recueille le bénéfice de la concession.

Mais de même que ces vieux édifices qui, par leur
inébranlable solidité, ont défié les attaques des ans et
qui, par l'harmonie de leurs proportions nous frappent
encore d'admiration, ont besoin d'être restaurés, de
même pour la loi de 1810 la nécessité de réformes se
fait sentir. C'est d'ailleurs le souci d'un gouvernement
actif et prévoyant de chercher à améliorer sans cesse
l'œuvre de ses devanciers. On a déjà marché dans cette
voie; il importe de continuer.

Pour laisser tout d'abord de côté la législation ouvrière, nous estimons, comme nous l'avons déjà dit,
qu'elle doit rester en dehors des lois sur les mines proprement dites, et que le législateur ne doit pas perdre
de vue que le meilleur moyen d'encourager l'industrie
dont nous nous occupons est de ne pas lui imposer des
charges toujours nouvelles, chaque fois plus onéreuses,

mais de laisser aux chefs d'entreprises une liberté aussi grande que possible dans la direction de l'œuvre qu'ils ont assumée.

Le plus grave reproche que l'on ait adressé à notre avis à la loi du 21 avril 1810 est celui de laisser trop de place à l'arbitraire du gouvernement dans l'attribution même de la propriété minière. Sans doute, on va beaucoup trop loin en disant que « concession et bon plaisir sont synonymes » ; il est impossible de ne pas reconnaître que la faculté de concéder tient à l'essence même du droit régalien, et que la supprimer, c'est se lancer dans la voie des réformes aventureuses. Mais en conservant l'idée-mère du système, n'est-il pas possible d'apporter quelques restrictions au droit absolu de l'Etat, dans le but même de prémunir l'opinion contre les erreurs, habilement exploitées du reste, dans lesquelles l'a induite le caractère gratuit de la concession ? C'est à ce titre que, combinant une double réforme réalisée au Vénézuéla d'une part, en Belgique de l'autre, nous proposons l'introduction d'un droit de préférence au profit de l'inventeur tout d'abord, du superficiaire ensuite. Cette idée, telle que nous la concevons, n'est pas nouvelle ; elle se trouvait exprimée dans les articles 18 et 19 du projet de loi de 1810 et on n'y renonça à l'époque que sur les instances de Napoléon (1). On vivait alors sous le régime de l'autorité absolue ; de plus, la nécessité de relever l'industrie minérale rendait peut-être nécessaire à ce moment l'intervention plus directe et plus large de l'autorité publique. Ces

---

(1) Locré, V, 23 et 24. — XXX, 14.

motifs semblent ne plus exister aujourd'hui. L'inventeur ou le superficiaire aura donc droit à l'obtention de la concession, après avoir justifié préalablement vis-à-vis de l'Etat qui appréciera librement, son droit et les conditions pécuniaires suffisantes pour entreprendre l'exploitation. L'inventeur doit avoir le pas sur le propriétaire de la surface, car en démontrant qu'un filon peut être l'objet d'une exploitation industrielle, il en a déjà pris, si l'on veut, possession dans une certaine mesure. Le superficiaire viendra ensuite; s'il n'a pas en effet de droit sur la mine, la situation de celle-ci justifie assez, au point de vue de l'intérêt général et de l'équité, la mesure de faveur dont il est appelé à bénéficier. « Lorsque le propriétaire de la surface, dit à ce propos l'exposé des motifs de la loi belge de 1837, possède tous les moyens nécessaires pour exploiter d'une manière utile et conforme au bien public la mine qui se trouve dans son terrain et qu'il veut le faire, il n'y a plus de raison pour accorder la concession à une autre personne » (1).

Une autre réforme qui appelle spécialement l'attention du législateur est celle du mode actuel d'imposition des mines. Il nous paraît qu'il est possible de renoncer tant à la redevance fixe qu'à la redevance proportionnelle au revenu net, qui « ne permettent pas à l'industrie extractive de jouir du droit d'être maîtresse chez elle » et de les remplacer par une seule taxe proportionnelle au tonnage des produits extraits. Le comité des houillères du Nord qui a déjà, à plusieurs

_____

(1) Chicora, *Discussions de la loi belge* du 2 mai 1837, p. 25.

reprises, préconisé cette modification à l'état de choses actuel, constate très justement que les mines qui produisent beaucoup paieront ainsi plus que celles qui produisent et gagnent moins. Cette réforme ne semble pas au surplus devoir être nuisible aux intérêts du Trésor. En fixant par exemple à 10 centimes le taux de la redevance à percevoir sur chaque tonne, on arrive, à quelques milliers de francs près, au montant des redevances fixes et proportionnelles. Le Trésor est donc sans intérêt dans la question et il importe d'assurer la réalisation d'une réforme qui marque un véritable progrès par rapport à la réglementation actuelle.

Dans le même ordre d'idées, nous demandons le rétablissement de l'article 39 de la loi de 1810, abrogé par la loi de finances du 23 septembre 1814, et qui portait création d'un fonds spécial constitué à l'aide des redevances dues à l'Etat et destiné à faire face aux dépenses de l'administration des mines, en même temps qu'à celles nécessitées par la découverte et la mise en activité de mines nouvelles. Il importe, à cet égard, de se rappeler qu'il en était ainsi sous l'ancien régime et que cette pratique est encore aujourd'hui suivie dans plusieurs autres pays, notamment en Allemagne. A l'exemple de l'industrie agricole dont elle est la sœur, l'industrie minérale doit être favorisée et protégée.

Pour ce qui a trait à la déchéance et au retrait des concessions, nous ne faisons pas comme certains auteurs qui proposent la suppression pure et simple de l'article 49 de la loi de 1810. Si c'est une disposition dont il doit être fait l'usage le plus rare et le plus circonspect, elle peut constituer pour l'administration une arme nécessaire dans certains cas pour défendre les droits de l'intérêt général et dont ils erait dangereux d'être privé. Nous avons déjà dit que le droit de retrait nous paraîtrait mieux placé entre les mains de l'autorité judiciaire que dans celles de l'autorité administrative. On ne saurait cependant méconnaître la force des arguments qui ont été proposés en faveur de l'opinion adverse. On a très bien dit à ce sujet que la question de rechercher dans quelle mesure la suspension ou la restriction de l'exploitation pouvait compromettre les besoins des consommateurs, d'apprécier si elle n'était pas justifiée par des circonstances exceptionnelles, comportait des appréciations très délicates et semblait rentrer à ce titre dans les attributions de l'administration. Mais si l'on conserve le système actuel, une modification nous paraît devoir y être apportée : nous voudrions que la déchéance ne fût pas prononcée par un arrêté ministériel, mais par un décret. La propriété des mines ayant, en effet, été attribuée par un décret, il semble peu logique qu'elle soit retirée par une simple décision ministérielle, d'autant plus que des décrets sont déjà exigés pour autoriser les partages et réunions de mines et consacrer la renonciation à la propriété minière. Le décret pourrait même être précédé, comme on l'a proposé, de l'avis de la section des travaux publics du conseil d'Etat, dans le double but de sauvegarder les intérêts privés et de dégager la responsabilité de l'autorité vis-à-vis de ceux qui la pousseraient à déclarer une déchéance.

Nous croyons, au sujet de l'article 11 de la loi du 21 avril 1810, que la loi du 27 juillet 1880 n'est pas allée assez loin dans les modifications qu'elle y a apportées. Dans le cas où cette mesure serait absolument nécessaire pour rendre possible la complète utilisation des richesses minérales, dont quelques territoires privilégiés ont été doués par la nature, il faudrait non seulement pouvoir supprimer, comme le fait dans certaines limites l'article 71 du projet Baïhaut, la zone de protection établie autour des habitations et clôtures murées y attenant ; mais encore rendre possible l'occupation des enclos murés, cours, jardins et maisons d'habitation, en vertu du principe de la loi du 3 mai 1841 sur l'expropriation pour cause d'utilité publique. Cela permettrait à l'exploitant de triompher plus facilement des résistances du superficiaire, car la possibilité de la déclaration d'utilité publique rendrait ce dernier plus accommodant dans ses prétentions. Dans le cas où aucun arrangement amiable ne pourrait intervenir entre l'exploitant et le propriétaire, l'expropriation que ce dernier serait exposé à subir serait faite en lui donnant toutes les garanties que la loi du 3 mai 1841 paraît offrir pour le respect de la propriété foncière. Remarquons que ce qui rend ces réformes nécessaires, c'est l'assimilation constante établie par la jurisprudence entre les constructions postérieures à la concession ou à l'ouverture de l'exploitation et celles qui existaient auparavant (1).

Nous approuvons aussi les dispositions des arti-

---

(1) Liège, 16 janvier 1851, *Pas.*, 1851, 2, 101. — Cass., 31 mai 1859, S., 59, 1, 721. — Cf. Rapport de M. Brossard, cité par Ducrocq, n. 412, note.

cles 70, 72 et 73 du projet de révision du gouvernement qui, au sujet de l'article 44 modifié par la loi de 1880, proposent la suppression des formalités interminables auxquelles a été subordonnée l'occupation en dehors du périmètre concessionnel. A quoi bon, en effet, cette extension du droit d'occupation, si les divers obstacles mis dans certains cas à l'exercice de ce droit viennent faire perdre au concessionnaire tout le bénéfice de la faveur qui lui est accordée ; s'il lui est permis d'occuper certains terrains en dehors du périmètre minier, encore faut-il lui donner le moyen d'arriver promptement à cette occupation. Nous n'en voyons pas d'autre que de subordonner l'exercice du droit de l'exploitant, dans ce cas comme dans celui d'occupation dans l'intérieur du périmètre, à celui de l'obtention d'une simple autorisation préfectorale. Mais nous pensons que le droit d'occupation devrait être restreint au cas où les terrains à occuper ne feraient pas déjà partie du périmètre d'une autre mine, cela dans le but d'éviter les récriminations incessantes qui pourraient éclater entre les deux exploitants.

Disons enfin, en terminant, qu'il nous paraîtrait utile d'organiser légalement la mesure de l'abandon total ou partiel de la concession. Tandis en effet que la loi de 1838 a comblé une des lacunes de la loi de 1810 en organisant le retrait de concession, aucun acte législatif n'a paré à l'insuffisance de la loi au sujet de la vacance de la mine par la renonciation du concessionnaire à son droit. Nous avons bien, il est vrai, les deux circulaires des 30 novembre 1834 et 13 novembre 1848 qui ont organisé la procédure à suivre par l'exploitant qui veut faire résilier sa concession. Mais ce régime n'est-il pas illégal, et la loi du 21 avril 1810 n'en est-elle pas exclusive? Ne faut-il pas conclure du silence du législateur sur un point aussi important qu'il n'a pas voulu admettre cet abandon, précisément parce qu'il impliquait contradiction avec le principe que les mines sont des propriétés réelles et perpétuelles comme les autres? L'administration française a-t-elle le droit de suppléer à ce silence en appliquant par analogie les formes des demandes en concession? Le gouvernement a-t-il le droit d'affranchir le concessionnaire qui renonce, des redevances publiques et de celles auxquelles ont droit les propriétaires de la surface? Telles sont entre autres les graves questions qui se posent. De très bons esprits, des assemblées éminentes ont conclu que, dans l'état actuel de la législation, le gouvernement n'est pas autorisé à accepter l'abandon ou le désistement d'une concession de mine, en tout ou en partie (1). C'est ce doute qu'il importe de faire cesser, c'est cette lacune qu'il faut nécessairement combler; mais en n'admettant l'abandon qu'avec sagesse, lorsque la bonne foi et l'équité commanderont d'aider le concessionnaire, pour répondre aux idées mêmes qui ont inspiré la loi de 1810.

Ces réformes pourront paraître insuffisantes à ceux

---

(1) Brixhe. *Répertoire des mines*, v° *Abandon* ; Bury, *op. cit.*, n. 1277. — Avis conseil des mines de Belgique, 24 octobre 1840 (*Jur.*, p. 48). — Cass. belge, 28 novembre 1885 (*Revue lég. des mines*, 1886, p. 108). — *Contra :* Féraud-Giraud, *op. cit.*, t. II, n. 738 ; Krug-Basse, *op. cit.*, n. 137.

qui ont proposé la réforme totale de notre code minier ; elles devront, nous le croyons tout au moins, donner satisfaction à ceux qui, plus sages et plus prévoyants, veulent rester fidèles aux anciens principes de notre législation en les mettant seulement d'accord avec les besoins de l'industrie et les nécessité sociales.

Vu : *Le Président de la thèse,*   Vu : *Le Doyen,*

P.-E. VIGNEAUX.   G. BAUDRY-LACANTINERIE.

Vu et permis d'imprimer :

Le Recteur,

A. COUAT.

Les visas exigés par les règlements ne sont donnés qu'au point de vue de l'ordre public et des bonnes mœurs (Délibération de la Faculté du 12 août 1879).

BIBLIOGRAPHIE

Aguillon. — Législation des mines françaises et étrangères. Paris, 1886. 3 vol.

Annales des Mines. — (Lois, décrets, règlements), 1816-1895.

Batbie. — Traité théorique et pratique de droit public et administratif, 2e éd. Paris, 1885. 7 vol.

Baudry-Lacantinerie. — Précis de droit civil, 4e et 5e éd. Paris, 1892-1894. 3 vol.

Bénac. — De la propriété et de l'administration des mines chez les Romains. Bordeaux, 1880 (Thèse).

Block (Maurice). — Dictionnaire de l'administration française, vo *Mines.*

Bréchignac et Michel. — Résumé de la doctrine et de la jurisprudence en matière de mines. Paris, 1877. 1 vol.

Bry. — Cours de législation industrielle. Paris, 1895. 1 vol.

Bury. — Traité de la législation des mines en France et en Belgique, 2e éd. Bruxelles, 1877. 2 vol.

Cauwès. — Cours d'économie politique, 3e éd. Paris, 1892-1893. 4 vol.

Chéruel. — Dictionnaire des Institutions de la France, vo *Mines.*

Chevalier (Michel). — De la propriété des mines. *Revue des Deux-Mondes,* avril 1862.

Ch. Comte. — Traité de la propriété. Paris, 1834. 2 vol.

De Cormenin. — Questions de droit administratif, 3e éd. Vo *Mines.*

Dalloz et Gouiffès. — De la propriété des mines et de son organisation en France et en Belgique. Paris, 1862. 2 vol.

Debauve. — Dictionnaire administratif des travaux publics. Paris, 1892. 3 vol.

Delebecque. — Traité sur la législation des mines. Bruxelles, 1838. 2 vol.

Delecroix. — Commentaire de la loi du 27 juillet 1880 concernant les mines. Paris, 1882. 1 vol.

Dufour. — La loi des mines. Paris, 1857. 1 vol.

Dupont. — Traité pratique de la jurisprudence des mines. Paris, 1862. 3 vol.

Dupont. — Cours de législation des mines. Paris, 1881. 1 vol.

Favart de Langlade. — Répertoire, v⁰ *Mines*.

Féraud-Giraud. — Code des mines et mineurs. Paris, 1889. 3 vol.

De Fooz. — Points fondamentaux de la législation des mines, 1858. 1 vol.

Gobet. — Anciens minéralogistes du royaume de France. Paris, 1779. 1 vol.

Hatton de la Goupillière. — Cours d'exploitation des mines. Paris, 1885, 1 vol.

Héron de Villefosse. — De la richesse minérale. Paris, 1818. 3 vol.

Isambert. — Recueil général des anciennes lois françaises depuis 420 jusqu'à 1789. 30 vol.

Krug-Basse. — Etude sur la propriété des mines. Paris, 1888. 1 vol.

Lamé-Fleury. — Législation minérale sous l'ancienne monarchie. Paris, 1857. 1 vol.

Lamé-Fleury. — Texte annoté de la loi du 21 avril 1810. Paris, 1857. 1 vol.

Locré. — Législation sur les mines. Paris, 1828. 1 vol.

Loynes (de). Précis de droit administratif. Paris, 1871. 1 vol.

Luzzato. — Soluzione del problema della proprieta e legislazione mineraria, 1885. 1 vol.

Merlin. — Questions de droit, v⁰ *Mines*.

　　　》　　　Répertoire, v⁰ *Mines*.

Naudier. — Traité théorique et pratique sur la législation et la jurisprudence des mines. Paris, 1877. 1 vol.

Ordonnances des rois de France de la 3ᵉ race. Paris, 1723-1847. 23 vol.

Perriquet. — Contrats de l'État, 2ᵉ éd. Paris, 1890. 1 vol.

Peyret-Lallier. — Traité sous la forme de commentaire sur la législation des mines. Paris, 1844. 2 vol.

Proudhon. — Traité du domaine de propriété. Paris, 1839. 3 vol.

Ravinet. — Code des Ponts et Chaussées et des Mines, 2ᵉ éd. Paris, 1847, 7 vol.

Rey. — De la propriété des mines. Paris, 1857. 2 vol.

　　　》　　　Commentaire de la loi du 21 avril 1810 sur les mines. Paris, 1870. 1 vol.

Richard. — Législation française sur les mines. Paris, 1838. 2 vol

De Ruolz. — Question des houilles.

Say (Léon). — Dictionnaire d'Économie politique, v⁰ *Mines*.

    »   Dictionnaire des Finances, v⁰ *Mines*.

Schönberg. — Handbuch der politischen Œconomie. Tubingen, 1886, v⁰ *Bergbau*.

Serrigny. — Droit public et administratif romain. Paris, 1862. 2 vol.

Simonet. — Traité élémentaire de droit public et administratif. 2ᵉ éd. Paris, 1893. 1 vol.

Splingard. — Des concessions de mines dans leurs rapports avec le droit civil. Bruxelles, 1880. 1 vol.

Swiney. — The law of mines, quarries and minerals. Londres, 1884. 1 vol.

Viollet. — Histoire des institutions politiques et administratives de la France. Paris, 1890. 1 vol.

Vuatrin et Batbie. — Lois administratives françaises, avec supplément. Paris, 1887. 2 vol.

Walker. — Collection complète des lois, édits, ordonnances et déclarations antérieurs à 1789. Paris, 1846. 5 vol.

Wolowski. — De la propriété des mines. *Revue critique de législation*, t. XXIV.

Zanolini. — Conziderazioni sulla legislazione della miniére. Turin, 1871. 1 vol.

TABLE DES MATIÈRES

Pages

Introduction.   1

LIVRE I. — Droit ancien.

Première partie. — *Des origines à 1471.*

Chapitre I. — Législation romaine.   6
Chapitre II. — Origine de la législation française. 16
Chapitre III. — La Féodalité. 20
Chapitre IV. — Retour du droit régalien à la monarchie 26

Deuxième partie. — *De l'ordonnance de 1471 à 1791.*

Chapitre I. — Maintien de l'ancienne législation. 37
Chapitre II. — Concession temporaire de toutes les mines à un
    privilégié 39
Chapitre III. — Retours successifs aux systèmes des deux premières
    périodes. 47
Chapitre IV. — Législation spéciale des mines de fer et des maîtres
    de forges 54
Chapitre V. — Caractère de la législation minière de l'ancien régime. 55
Chapitre VI. — Législation minière des principaux États pendant
    la première période. 57

LIVRE II. — Droit intermédiaire.

LIVRE III. — Droit nouveau.

Première partie. — *Régime légal des mines.*

Chapitre I. — Loi du 21 avril 1810. 89
Section I. — Principe de la propriété des mines. 89
Section II. — Restrictions à la propriété des mines 112
Section III. — Privilèges accordés aux concessionnaires 126

Pages

Chapitre II. — Monuments législatifs postérieurs à la loi du
21 avril 1810 132

Chapitre III. — De la révision de la loi sur les mines. — Différents
projets de loi et systèmes modernes 144

Section I. — Projets de loi 145

Section II. — La mine à l'État 158

Section III. — La mine aux mineurs 185

Deuxième partie. — *Législation ouvrière.*

Chapitre I. — Des accidents du travail dans les mines 195

Chapitre II. — Des délégués à la sécurité des ouvriers mineurs . . 200

Chapitre III. — Du travail des femmes et des enfants dans les
mines 207

Chapitre IV. — Institutions de secours et de prévoyance 209

Chapitre V. — Limitation des heures de travail 217

Chapitre VI. — De la participation aux bénéfices dans l'exploitation
des mines 219

Chapitre VII. — De l'arbitrage 223

Troisième partie. — *Législation comparée.*

1er Groupe 224

2e Groupe 231

3e Groupe 241

4e Groupe 243

Appendice. — Colonies françaises et pays de protectorat 246

Conclusion 248

Bibliographie 265

19,577. — Bordeaux, Vᵉ Cadoret, impr. 17, rue Montméjan.

BIBLIOTHEQUE NATIONALE DE FRANCE

www.ingramcontent.com/pod-product-compliance
Ingram Content Group UK Ltd.
Pitfield, Milton Keynes, MK11 3LW, UK
UKHW021015140726
13695UKWH00001B/271

9 782013 476287